CESTA K ŽIVOTU

Cesta k životu

ALDIVAN TORRES

aldivan teixeira torres

CONTENTS

1- 1

Cesta k životu
Aldivan Torres
Cesta k životu
Autor: Aldivan Torres
© 2020- Aldivan Torres
Všechna práva vyhrazena.
Série: Pěstování moudrosti

Tato kniha, včetně všech jejích částí, je chráněna autorskými právy a nelze ji bez souhlasu autora reprodukovat, dále prodávat nebo stahovat.

Aldivan Torres je spisovatel konsolidovaný do několika žánrů. Dosud byly tituly vydány v desítkách jazyků. Od raného věku vždy miloval umění psaní, od druhé poloviny roku 2013 si upevnil profesionální kariéru. Doufá, že svými spisy přispěje k mezinárodní kultuře a vzbudí potěšení ze čtení u těch, kteří nemají zvyk. Vaším úkolem je získat srdce každého z vašich čtenářů. Kromě literatury se věnuje hlavně hudbě, cestování, přátelům, rodině a samotnému potěšení ze života.
„Pro literaturu je jeho mottem rovnost, bratrství, spravedlnost, důstojnost a čest lidské bytosti vždy"
Životopis
Cesta
Vědět, jak být kritický

Zákon o návratu
Čas úzkosti
Poměr sklizně rostlin
Dát nebo nedat almužnu?
Akt výuky a učení
Jak jednat tváří v tvář zradě
Láska generuje více lásky
Jednejte jménem chudých, vyloučených a podřízených
Závěrečná zpráva
Cesta pohody
Cesta
Cesty k Bohu
Dobří mistři a učni
Osvědčené postupy pro zachování střízlivosti
Hodnota v příkladu
Pocit ve vesmíru
Cítím se božsky
Změna rutiny
Světová nerovnost versus spravedlnost
Síla hudby
Jak bojovat se zlem
Jsem nepochopitelný
Problémy zažívají
V práci
Cestování
Hledání práv
Věřte v plnou lásku
Vědět, jak řídit vztah
Masáž
Přijetí morálních hodnot
Mít ducha skutečného přítele
Akce, které je třeba dodržet
Péče o krmení

Tipy, jak žít dlouho a dobře
Tanec
Půst
Pojetí Boha
Vylepšovači kroky
Charakteristiky mysli
Jak se mám cítit?
Role vzdělávání
Závěr
Vítězství vírou
Vítězství nad duchovními a tělesnými nepřáteli
Vztah člověk-Bůh
Víra v Jahve v bolestech
Být čestným mužem víry
Kristové
Poslání člověka
Buď Kristus
Dvě cesty
Volba
Moje zkušenost
Destinace
Světlé království, říjen 1982
Mise
Význam vize
Autentičnost v poškozeném světě
Smutek v těžkých dobách
Život ve zkaženém světě
Dokud dobro existuje, Země zůstane
Spravedlivý nebude otřesen
Buďte výjimkou
Moje pevnost
Hodnoty
Hledám vnitřní mír

Bůh Stvořitel
Pravá láska
Uznávejte se za hříšníka a omezeného
Vliv moderního světa
Jak se integrovat s otcem
Důležitost komunikace
Vzájemná závislost a moudrost věcí
Neobviňujte nikoho
Být součástí celku
Nestěžujte si
Podívejte se z jiného úhlu pohledu
Pravda
Mysli na toho druhého
Zapomeňte na problémy
Čelte narození a smrti jako procesům
Nesmrtelnost
Mít proaktivní přístup
Bůh je duch
Vize víry
Řiďte se mými přikázáními
Mrtvá víra
Mějte další vizi
Ze slabosti pochází síla
Co dělat v choulostivé finanční situaci
Čelit rodinným problémům
Překonání nemoci nebo dokonce smrti
Setkat se se sebou
Sophia
Spravedlnost
Útočiště ve správný čas
Svádění světa versus Boží cesta
Poznávání Bůh
Spravedlivý a vztah s Bůh

Vztah s Bůh
Co byste měli dělat
Dávám vám všechny své naděje
Přátelství
Odpuštění
Hledání cesty
Jak žít v práci
Život s tvrdými lidmi v práci
Příprava na samostatný pracovní příjem
Analýza možností specializace ve studiích
Jak žít v rodině
Co je rodina
Jak respektovat a být respektován
Finanční závislost
Důležitost příkladu
Cesta

    Projděte se s dobrými lidmi a budete mít klid. Jděte s padouchy a budete nešťastní. Řekněte mi, s kým jste na setkání, a já vám řeknu, kdo jste. Toto moudré rčení prozrazuje, jak důležité je být v přátelství selektivní. Věřím však, že je to všechno zážitek z učení. Musíte dělat chyby, abyste se učili, nebo musíte experimentovat, abyste věděli, co se vám líbí. Zkušenost je prvotním faktorem pro vývoj lidské bytosti, protože jsme putující bytosti vystavené realitě smíření a důkazů.

    Vědět, jak být kritický

    Neustále se vyvíjíme bytosti. Je normální kritizovat se a vždy chcete zlepšit svůj výkon ve svých každodenních činnostech. Ale nevyžadujte od sebe příliš mnoho. Čas učí a dozrává vaše nápady. Rozdělte své úkoly tak, abyste měli dostatek volného času. Ohromená mysl nevytváří nic pohodlného. Nastal čas výsadby a sklizně.

Vyžaduje to empatii a kontrolu. Pokud váš partner udělá chybu, dejte mu dobrou radu, ale už ho znovu nevytvářejte. Pamatujte, že nemůžeme soudit toho druhého, protože jsme také nedokonalé a chybné bytosti. Byl by to slepý muž, který by vedl jiného slepého muže, který by nepřinášel ovoce. Přemýšlejte, plánujte a realizujte. Jsou nezbytnými pilíři úspěchu.

Jste-li šéf, požadujte od svých podřízených dovednosti, ale buďte také chápaví a lidští. Pracovní prostředí zatížené silnými a negativními vibracemi pouze brání našemu rozvoji. Vyžaduje spolupráci, dodávku, práci, odhodlání, plánování, kontrolu a toleranci v pracovním prostředí. Tomu se říká demokratizace práce, základní položka v podnikání, protože naše společnost je množná a mnohostranná. Prostředí proto musí být místem sociálního začlenění.

Zákazníci a spotřebitelé obdivují velké společnosti, které usilují o začlenění a udržitelnost. To vytváří vysoce pozitivní obraz uvnitř i vně organizace. Kromě toho přispívají k trvalosti podnikání hodnoty jednoty, vytrvalosti, důstojnosti a cti. V tomto případě doporučuji přesné setkání s vysoce kvalifikovanými odborníky, jako jsou: psycholog, technik lidských vztahů, administrátoři, úspěšní manažeři, spisovatelé, zdravotníci a další.

Mistři života

Jsme na velké misi před naprosto nerovným davem. Někteří mají více znalostí a jiní méně znalostí. Každý z nás však může učit nebo se učit. Moudrost se naměřuje podle jejího věku nebo sociálních podmínek, je to božský dar. Pak můžeme najít žebráka, který je moudřejší než úspěšný podnikatel. Naměřuje se to finanční silou, ale konstrukcí hodnot, díky nimž jsme lidštější. Úspěch nebo neúspěch je pouze důsledkem našich činů.

Našimi prvními pány jsou naši rodiče. Je tedy pravda, že naše rodina je naší základnou hodnot. Pak máme kontakt se společností a ve škole. To vše se odráží na naší osobnosti. I když vždy máme sílu volby. Jmenuje se svobodná vůle, je podmínkou svobody všech bytostí a musí být respektována. Svou cestu si mohu svobodně zvolit, ale musím nést také následky. Pamatujte, dostali jsme jen to, co jsme zasadili. Proto tomu říkáte dobrý strom, ten nese dobré ovoce.

Narodili jsme se s předispozicí k dobru, ale prostředí nám často škodí. Dítě ve stavu represe a bídy se nevyvíjí stejně jako bohaté dítě. Tomu se říká sociální nerovnost, kdy jen málo lidí má spoustu peněz a mnoho lidí je chudých. Nerovnost je velké zlo světa. Je to velká nespravedlnost, která přináší utrpení a poškození části znevýhodněné populace. Myslím, že potřebujeme více politik sociálního začleňování. Potřebujeme práci, příjem a příležitosti. Myslím, že charita je ohromující skutek lásky, ale myslím si, že je ponižující žít právě tak. Potřebujeme práci a slušné podmínky pro přežití. Musíme doufat v lepší dny. Jak dobré je nakupovat věci naší prací a nedělat diskriminaci. Musíme mít příležitost pro každého, bez jakékoli diskriminace. Potřebujeme práci pro černochy, domorodé obyvatele, ženy, homosexuály, transsexuály, pro všechny.

Myslím, že východiskem z nového modelu udržitelnosti bude společná práce elity s vládou. Méně daní, více finančních pobídek, méně byrokracie by pomohlo snížit nerovnost. Proč člověk potřebuje miliardy na svém bankovním účtu? To je naprosto zbytečné, i když je to ovoce vaší práce. Musíme zdanit velké jmění. Abychom vytvořili dividendy, musíme také vymáhat dluhy z práce a daně velkých společností. Proč privilegovat bohatou třídu? Všichni jsme občané s právy a povinnostmi. Jsme stejní před zákonem, ale ve skutečnosti jsme nerovní.

Zákon o návratu

Čas úzkosti
Až přijde čas úzkosti a zdá se, že se všem nespravedlivým daří, buďte si jisti. Dříve nebo později padnou a spravedliví zvítězí. Cesty Hospodinovy nejsou známy, ale jsou upřímné a moudré, nikdy vás neopustí, i když vás svět odsuzuje. Dělá to tak, aby se jeho jméno udržovalo z generace na generaci.

Poměr sklizně rostlin
Všechno, co děláte na Zemi pro sebe, se zapisuje do knihy života. Každá rada, darování, oddělení, finanční pomoc, laskavá slova, komplimenty, spolupráce mimo jiné v dobročinných činnostech je krokem k prosperitě a štěstí. Nemyslete si, že pomáhat druhým tím nejlepším dobrem je pro asistované. Naopak, vaší duši nejvíce prospívají vaše činy a můžete získat vyšší úlety. Mějte v sobě povědomí, že nic není zadarmo, dobro, které jsme dnes dostali, zasazujeme do minulosti. Už jste někdy viděli podporu domu bez základů? Také se to stane s každým z našich činů.

Dát nebo nedat almužnu?
Žijeme ve světě krutém a plném podvodníků. Je běžné, že mnoho lidí s dobrými finančními podmínkami žádá o obohacení o almužnu, což je maskovaný čin krádeže, který vysává již i tak špatný plat pracovníků. Tváří v tvář této každodenní situaci mnozí odmítají pomoci tváří v tvář žádosti o almužnu. Je to nejlepší volba?

Nejlepší je analyzovat případ od případu, cítit záměr dané osoby. Na ulici je nespočet bičů, neexistuje způsob, jak každému pomoci, to je pravda. Ale když to vaše srdce dovolí, pomozte. I když se jedná o podvod, hřích bude mít v úmyslu druhá osoba. Udělali jste svoji práci a přispěli k méně nerovnému a humánnějšímu světu. Gratuluji ti.

Akt výuky a učení

Jsme ve světě smíření a zkoušek, ve světě neustálých změn. Abychom se tomuto prostředí přizpůsobili, ocitáme se v bohatém procesu výuky a učení, který se odráží ve všech prostředích. Využijte tuto příležitost, vstřebejte dobré věci a popřete ty špatné, aby se vaše duše mohla vyvíjet na cestě k otci.

Buďte vždy vděční. Díky Bohu za vaši rodinu, přátele, společníky na cestách, učitele života a všechny, kdo ve vás věří. Vraťte vesmíru část svého štěstí tím, že budete apoštolem dobra. Opravdu to stojí za to.

Jak jednat tváří v tvář zradě

Buďte opatrní s lidmi, nevěřte tak snadno. Falešní přátelé si to nerozmyslí a před všemi předají své tajemství. Když k tomu dojde, nejlepší je udělat krok zpět a dát věci na správná místa. Pokud se můžete a vyvinuli dostatečně, odpusťte. Odpuštění osvobodí vaši duši od odporu a pak budete připraveni na nové zážitky. Odpuštění neznamená zapomenout, protože jakmile rozbijete svou důvěru, už se nevrátíte.

Pamatujte na zákon návratu, který je nejspravedlivějším zákonem ze všech. Cokoli uděláte druhému špatně, vrátí se s úroky, za které zaplatíte. Takže si nedělejte starosti s ublížením, které vám způsobili, budete tu pro své nepřátele a Bůh bude jednat spravedlivě tím, že vám dá to, co si každý zaslouží.

Láska generuje více lásky

Požehnaný, kdo zažil lásku nebo vášeň. Je to ten nejvznešenější pocit, který zahrnuje dávání, odříkání, odevzdání se, porozumění, toleranci a odloučení od materiálu. Ne vždy však máme pocit, že to milovaná osoba oplácí, a to je situace, kdy dojde k bolesti a zděšení. K zvážení a respektování tohoto období je zapotřebí čas. Když se budete cítit lépe, jděte dál a nic nelitujte. Milovali jste to a jako odměnu Bůh ukáže druhé osobě cestu, že také půjde svou cestou vpřed. Je vysoká pravděpodobnost, že ji ostatní odmítnou zaplatit za způsobené utrpení. Tím se restartuje začarovaný kruh, kdy nikdy nemáme nikoho, koho opravdu milujeme.

Jednejte jménem chudých, vyloučených a podřízených

Snažte se pomáhat lidem bez domova, sirotkům, prostitutkám, opuštěným a nemilovaným. Vaše odměna bude skvělá, protože nemohou splatit vaši dobrou vůli.

Ve společnosti, škole, rodině a společnosti obecně se ke každému chováme rovně bez ohledu na jeho sociální třídu, náboženství, etnický původ, sexuální volbu, hierarchii nebo jakoukoli specifičnost. Tolerance je pro vás velkou ctností, abyste měli přístup k nejvyšším nebeským soudům.

Závěrečná zpráva

No, to je zpráva, kterou jsem chtěl dát. Doufám, že těchto pár řádků osvítí vaše srdce a udělá z vás lepšího člověka. Pamatujte: Vždy je čas se změnit a konat dobro. Přidejte se k nám v tomto řetězci dobra pro lepší svět. Uvidíme se další příběh.

Cesta pohody

Cesta

Lidská bytost v celém svém vědomí má dvě dimenze, které je třeba sledovat: způsob, jakým vidí sám sebe a způsob, jakým je viděn společností. Největší chybou je, že se může snažit vyhovět standardu společnosti, jako je ten náš. Žijeme ve světě, který je většinou předpojatý, nerovný, tyranský, krutý, zlý, plný zrad, lží a hmotných iluzí. Absorpce dobrého učení a autentičnost je nejlepší způsob, jak se cítit přijímat sám sebe.

Lepší učení a poznání sebe sama, spoléhání se na dobré hodnoty, to, že máte rádi sebe i ostatní, vážení si rodiny a charitativní činnost, jsou způsoby, jak najít úspěch a štěstí. Na této trajektorii budou pády, vítězství, smutky, štěstí, chvíle volna, války a míru. Důležité při tom všem je udržet si víru v sebe a větší sílu bez ohledu na svou víru.

Je nezbytné nechat všechny špatné vzpomínky za sebou a pokračovat ve svém životě. Buďte si jisti, že Bůh Jahve připravuje dobrá překvapení, ve kterých pocítíte skutečné potěšení ze života. Mějte optimismus a vytrvalost.

Cesty k Bohu

Jsem synem otce, který přišel pomoci této dimenzi ve skutečně důsledném vývoji. Tady, když jsem dorazil, jsem zjistil, že lidstvo je úplně zkažené a odklonilo se od hlavního cíle mého otce při jeho vytváření. Dnes nejčastěji vidíme malicherné, sobecké, nevěřící Boží lidi, soutěživé, chamtivé a závistivé. Je mi těchto lidí líto a snažím se jim pomoci co nejlépe. Na svém příkladu mohu ukázat vlastnosti, které můj otec opravdu chce pěstovat: Solidarita, porozumění, spolupráce, rovnost, bratrství, společnost, milosrdenství, spravedlnost, víra, dráp, vytrvalost, naděje, důstojnost, a především láska mezi bytostmi.

Dalším závažným problémem je lidská hrdost na to, že je součástí zvýhodněnější skupiny nebo třídy. Říkám ti; to není před Bohem žluč. Říkám vám, že máte otevřenou náruč a srdce k přijímání svých dětí bez ohledu na vaši rasu, barvu pleti, náboženství, sociální třídu, sexuální orientaci, politickou stranu, region nebo jakoukoli specifičnost. Každý je ve věcech rovný svému otci. Některým však více prospívají jejich práce a příjemná duše.

Čas běží rychle. Nenechte si ujít příležitost spolupracovat na lepším a spravedlivějším vesmíru. Pomozte postiženým, nemocným, chudým, přátelům, nepřátelům, známým, cizím lidem, rodině, cizím lidem, mužům a ženám, dětem, mladým i starým, zkrátka, bez očekávání odplaty. Skvělá bude vaše odměna před otcem.

Dobří mistři a učni

Jsme ve světě smíření a důkazů. Jsme na sobě nezávislé bytosti a chybí nám náklonnost, láska, materiální zdroje a pozornost. Každý z nich po celý život získává zkušenosti a přenáší něco dobrého svým nejbližším. Tato vzájemná výměna je nezbytná k dosažení stavu úplného míru a štěstí. Pochopit vlastní, pochopit bolest druhých, jednat za spravedlnost, transformovat koncepty a zažít svobodu, kterou znalosti poskytují, je k nezaplacení. Je dobré, že vám ho nikdo nemůže ukrást.

Během svého života jsem měl skvělé učitele: mého duchovního a tělesného otce, moji matku s její sladkostí, učitele, přátele, rodinu obecně, známé, spolupracovníky, opatrovníka, anděla, hinduistu, kněžku, Renato (můj dobrodružný partner), Philip Andrews (Muž poznamenán tragédií), tolik dalších postav, které svou osobností poznamenaly můj příběh.

V útlumu historie jsem prostřednictvím svých knih mentoroval své synovce a celé lidstvo. Obě role jsem zvládl dobře a hledám svoji identitu. Klíčem k této otázce je zanechat dobré semeno, protože Ježíš řekl: spravedliví budou v království svého otce zářit jako slunce.

Osvědčené postupy pro zachování střízlivosti

Existují různé způsoby, jak vidět svět a zvyknout si na něj. V mém konkrétním případě jsem si mohl udržet stabilitu po dlouhé době vnitřní duchovní přípravy. Ze své zkušenosti mohu dát tipy, jak se orientovat v nepřízni života: Nepijte alkohol, nekuřte, neužívejte žádné drogy, pracujte, věnujte se příjemné činnosti, jděte ven s přáteli, chodit, cestovat v dobré společnosti, jíst a dobře se oblékat, dostat se do kontaktu s přírodou, uniknout z ruchu a animace, odpočinout si, poslouchat hudbu, číst knihy, plnit domácí povinnosti, být věrný svým hodnotám a přesvědčení, respektovat starší , postarejte se o výuku těch mladších, buďte zbožní, chápaví a tolerantní, shromažďujte se ve své duchovní skupině, modlete se, mějte víru a ne témata. Osud vám nějakým způsobem otevře dobré dveře a pak si najde cestu. Přeji všem hodně štěstí.

Hodnota v příkladu

Člověk se odráží prostřednictvím jeho děl. Toto moudré rčení přesně ukazuje, jak musíme jednat, abychom dosáhli blaženosti. Pro člověka je zbytečné mít konsolidované hodnoty, pokud je neprovede do praxe. Více než dobré úmysly potřebujeme konsolidované postoje, aby se svět mohl transformovat.

Pocit ve vesmíru

Naučte se poznat sebe sama, vážit si více a spolupracovat pro dobro ostatních. Mnoho našich problémů pramení z našich obav a nedostatků. Známe naše slabosti, můžeme je opravit a plánovat do budoucna zlepšení jako lidské bytosti.

Řiďte se svou etikou, aniž byste zapomněli na právo těch, kteří jsou po vašem boku. Buďte vždy nestranní, spravedliví a velkorysí. To, jak zacházíte se světem, bude mít jako úspěch v odplatě, mír a klid. Nebuďte na sebe příliš vybíraví. Zkuste si užít každý okamžik života z pohledu učení. Příště budete přesně vědět, jak jednat.

Cítím se božsky

Nic není náhodou a vše, co ve vesmíru existuje, má svůj význam. Buďte šťastní za dar života, za příležitost dýchat, chodit, pracovat, vidět, obejmout, políbit a dát lásku. Nikdo není izolovaný kus; jsme součástí vybavení vesmíru. Zkuste provést jednoduchá cvičení mentálního propojení. Ve volných chvílích jděte do svého pokoje, posaďte se na postel, zavřete oči a přemýšlejte o sobě a o vesmíru samotném. Když se uvolníte, vaše problémy zůstanou pozadu a všimnete si přístupu k božskému odkazu. Zkuste se zaměřit na světlo na konci tunelu. Toto světlo vám přináší naději, že je možné změnit, vymazat chyby minulosti, odpustit si a uzavřít mír s nepřáteli tím, že se z nich stanete přáteli. Zapomeňte na boje, zášť, strach a pochybnosti. To vše vám prostě stojí v cestě. Jsme nejaktivnější, když rozumíme tomu druhému a máme schopnost jít dál. Děkuji, že jste zdraví a že máte ještě čas na vyřešení nevyřešených problémů.

Jsme synové otce; byli jsme stvořeni, abychom pomohli planetě vyvíjet se a byli také šťastní. Ano, všechno můžeme mít, pokud si toho zasloužíme. Někteří jsou šťastní sami, jiní po boku společníka, jiní se zapojují do náboženství nebo vyznání a jiní pomáhají druhým. Štěstí je relativní. Nikdy nezapomeňte, že budou dny zoufalství a temnoty a že právě v tuto chvíli musí být vaše víra přítomněji. Tváří v tvář bolesti je hledání východiska někdy docela komplikované. Máme však Boha, který nás nikdy neopustí, i když to ostatní dělají. Promluvte si s ním a pak pochopíte věci lépe.

Změna rutiny

Dnešní svět se stal velkým závodem s časem pro samotné přežití. Často trávíme více času v práci než se svými rodinami. To není vždy zdravé, ale je to nutné. Vezměte si volno a trochu změňte svou rutinu. Jděte ven s přáteli, manželem, jděte do parků, divadel, lezte na hory, jděte si zaplavat do řeky nebo na moře, jděte navštívit příbuzné, jděte do kina, na fotbalový stadion, čtěte knihy, sledujte televizi, surfujte na internetu a vytvářejte nové přátelé. Musíme změnit rutinní pohled na věci. Musíme trochu poznat tento obrovský svět a užít si to, co Bůh zanechal. Mysli na to, že nejsme věční, že se kdykoli může něco stát, a ty už nejsi mezi námi. Nenechávejte tedy na zítra to, co můžete udělat dnes. Na konci dne vám děkuji za příležitost být naživu. Toto je největší dárek, který jsme dostali.

Světová nerovnost versus spravedlnost

Žijeme v šíleném, konkurenčním a nerovném světě. Převládá pocit beztrestnosti, beznaděje, chamtivosti a lhostejnosti. Všechno, co Ježíš v minulosti většinu času učil, se neprovádí v praxi. Jaký má smysl, aby tak tvrdě bojoval za lepší svět, když si ho nevážíme?

Je snadné říci, že chápete bolest toho druhého, někdy máte solidaritu a soucit, když vidíte obraz na internetu nebo dokonce na ulici před opuštěným nezletilým. Je těžké mít přístup a pokusit se tento příběh změnit. Je nepochybné, že utrpení světa je velmi velké a my nemáme žádný způsob, jak každému pomoci. Bůh to od vás nebude vyžadovat u soudu. Pokud však můžete alespoň pomoci svému sousedovi už bude mít dobrou velikost. Ale kdo je náš další? Je to váš nezaměstnaný bratr, je to váš smutný soused za to, že přišel o manželku, je to jeho spolupracovník, který potřebuje vaše vedení. Každý váš čin, ať už je jakýkoli malý, z hlediska evoluce. Pamatujte: Jsme tím, čím jsou naše díla.

Vždy se snažte pomoci. Nebudu požadovat tvou dokonalost; to je něco, co na tomto světě neexistuje. Chci, abys miloval svého bližního, mého otce a sebe. Jsem tu, abych vám znovu ukázal, jak velká je moje láska k lidstvu, i když si to nezaslouží. Velmi trpím lidským utrpením a pokusím se ho použít jako nástroj své dobré vůle. Potřebuji však vaše svolení, abych mohl jednat ve vašem životě. Jste připraveni skutečně žít podle mé vůle a vůle mého otce? Odpověď na tuto otázku bude definitivním milníkem v její existenci.

Síla hudby

Něco velmi uvolňujícího a pro dosažení míru a lidské evoluce velmi doporučuji poslouchat hudbu. Prostřednictvím textů a melodie naše mysl cestuje a cítí přesně to, co chce autor projít. To nás často osvobodí od všeho zla, které během dne nosíme. Tlak společnosti je tak velký, že jsme často zasaženi negativními a závistivými myšlenkami ostatních. Hudba nás osvobozuje a utěšuje tím, že si úplně vyčistí mysl.

Mám eklektický vkus na hudbu. Mám rád rock, funk, brazilskou populární hudbu, mezinárodní, romantickou, country nebo jakoukoli kvalitní hudbu. Hudba mě inspiruje a často při psaní je slyším o tichých hudebních preferencích. Udělejte to také a uvidíte velký rozdíl v kvalitě života.

Jak bojovat se zlem

Od pádu velkého draka jsme ve vesmíru žili dualitu. Tato realita se odráží i zde na Zemi. Na jedné straně čestní lidé, kteří chtějí žít a spolupracovat, a další bastardi, kteří hledají neštěstí druhých. Zatímco silou zla je černá magie, silou dobra je modlitba. Nezapomeňte se otci doporučit alespoň jednou denně, aby na vás nezasáhla síla temnoty.

Jak učil Ježíš, nebojte se muže, který mu může vzít život z těla, což je téma, které může odsoudit jeho duši. Svobodnou vůlí můžete jednoduše odmítnout útok nepřátel. Volba pro dobro nebo zlo je jen na vás. Když hřešíte, neospravedlňujte se. Poznejte svou chybu a snažte se už nepropásnout.

Postoj, který jsem v životě měl, zcela změnil můj vztah k vesmíru a k Bohu. Přál jsem si, aby se v mém životě uskutečnila vůle pána, a pak mohl Duch svatý jednat. Od té doby jsem měl jen úspěch a štěstí, protože jsem poslušný. Dnes žiji v plném společenství se svým tvůrcem a jsem za to rád. Pamatujte, že je to vaše volba.

Jsem nepochopitelný

Kdo jsem? Odkud jsem přišel? Kam půjdu? Jaký je můj cíl? Jsem nepochopitelný. Jsem duchem severu, který odtamtud fouká odtud bez směru. Dále jsem láska, víra spravedlivých, naděje dětí, jsem pomocnou rukou postižených, jsem rada dobře daná, jsem vaše svědomí upozorňující na nebezpečí, jsem ten, kdo oživuje duši, já jsem odpuštění, jsem smíření, chápu a vždy věřím ve tvé uzdravení ještě před hříchem. Jsem Davidův stromek, první a poslední, jsem božská prozřetelnost, která vytváří světy. Jsem malý zasněný pupen severovýchodu určený k dobytí světa. Kromě toho jsem božský pro nejintimnějšího, vidoucího nebo jednoduše Božího syna. Sestoupil jsem na příkaz svého otce, abych je znovu zachránil před temnotou. Přede mnou není žádná moc, autorita ani autorská odměna, protože jsem Král králů. Jsem tvůj Bůh nemožného, který může změnit tvůj život. Vždy tomu věř.

Problémy zažívají

Jako božský dokážu všechno a v lidské podobě žiji se slabostmi jako každý jiný. Narodil jsem se ve světě útlaku, chudoby, strádání a lhostejnosti. Chápu tvoji bolest jako nikdo jiný. Dále vidím hluboko ve vaší duši vaše pochybnosti a váš strach z toho, co může přijít. S vědomím toho vím přesně, jak jim nejlépe čelit.

Jsem tvůj nejlepší přítel, ten, kdo je po tvém boku každou hodinu. Možná se navzájem neznáme, nebo nejsem fyzicky přítomen, ale mohu jednat skrze lidi a v duchu. Chci to nejlepší pro tvůj život. Nebuďte vzpurní a pochopte důvod selhání. Důvodem je, že něco je připraveno na něco lepšího, na něco, co jste si nikdy nepředstavovali. Naučil jsem se to ze své zkušenosti. Zažil jsem intenzivní okamžik zoufalství, ve kterém mi žádná živá bytost nepomohla. Můj otec mě téměř zachránil a ukázal mi svou nesmírnou lásku. Chci splatit a udělat totéž zbytku lidstva.

Vím přesně, co se děje ve vašem životě. Kromě toho někdy vím, že máte pocit, že vám nikdo nerozumí, a máte pocit, že jste sami. V těchto chvílích hledání logického vysvětlení nepomůže. Pravda je, že mezi lidskou láskou a mojí je velký rozdíl. Zatímco první je téměř vždy zapojen do hry zájmů, moje láska je vznešená a svrchovaná. Vychoval jsem tě, poskytl ti dar života a každý den po tvém andělu svítal po tvém boku. Záleží mi na tobě a na tvé rodině. Kromě toho mi je velmi líto, když trpíte, a je to odmítnuto. Vězte, že ve mně nikdy nedostanete zápor. Mezitím vás žádám, abyste porozuměli mým plánům a přijali je. Vytvořil jsem celý vesmír a vím nejlépe víc než ty. Někteří tomu říkají cíl nebo předurčení. I když se všechno zdá být špatné, všechno má svůj význam a směřuje k úspěchu, pokud si to zasloužíte.

    Zde je mezi vámi někdo, kdo miloval a kdo miluje. Moje věčná láska nikdy nezmizí. Moje láska je plná a nemá žádné požadavky. Stačí mít konsolidované hodnoty dobrého člověka. Nechci do mě vkládat slova nenávisti, rasismu, předsudků, nespravedlnosti nebo pohrdání. Nejsem ten bůh, kterého malovali. Pokud se se mnou chcete setkat, učte se prostřednictvím mých dětí. Mír a dobré všem.

    V práci

    Není dobré, že ten muž má neobsazenou mysl. Budeme-li pěstovat nečinnost, nepřestaneme přemýšlet o problémech, neklidu, obavách, své hanbě, zklamáních, utrpeních a nestálosti současnosti a budoucnosti. Bůh zanechal člověku dědictví práce. Kromě toho, že jde o přežití, vyplňuje naše nejvnitřnější prázdno. Pocit užitečnosti pro sebe i pro společnost je jedinečný.

    Možnost pracovat, profesionálně růst, posilovat vztahy přátelství a náklonnosti a rozvíjet se jako lidská bytost je velkým darem, který je výsledkem jejich něžnějšího úsilí. Buďte v době krize šťastní. Kolik otců a matek nechtělo být ve vašich botách? Realitou v naší zemi je rostoucí nezaměstnanost, nerovnost, bezbožnost, lhostejnost a politická lhostejnost.

    Udělejte svoji roli. Udržujte zdravé prostředí v práci, kde strávíte většinu svého dne. Neočekávejte však tolik očekávání a nepleťte si věci. Přátele obvykle najdete v životě a v práci pouze kolegy, až na vzácné výjimky. Důležité je přísně dodržovat své povinnosti, které zahrnují docházku, přesnost, rychlost, efektivitu, odpovědnost a odhodlání. Buďte příkladem chování uvnitř i vně vašeho rozpadu.

Cestování

Bůh je úžasný, mocný a nepřekonatelný. Pro svou velkou lásku chtěl vytvářet věci a skrze jeho slovo existovaly. Všechny hmotné, nehmotné, viditelné a neviditelné věci vzdávají slávu tvůrci. Mezi těmito věcmi je i muž. Považován za malý bod ve vesmíru, může vidět, cítit, komunikovat, vnímat a realizovat. Jsme tady, abychom byli šťastní.

Využijte příležitosti, které vám život dává, a poznejte trochu tento vesmír. Okouzlí vás malá i velká přírodní díla. Cítíte čerstvý vzduch, moře, řeku, les, hory a sebe. Zamyslete se nad svými postoji a zkušenostmi po celý život. Věřte mi, že vám to poskytne kvalitu života a pocit nepopsatelného míru. Buď teď šťastný. Nenechávejte to na později, protože budoucnost je nejistá.

Hledání práv

Staňte se plnoprávným občanem a plně dodržujte svá práva. Znát přesně své povinnosti a povinnosti. Pokud budou porušeny, můžete se domáhat nápravy u soudu. I když váš požadavek nebude splněn, vaše svědomí bude čisté a připravené jít dál. Pamatujte, že jediná spravedlnost, která nezklame, je božská a se správnými postoji přijde vaše požehnání.

Věřte v plnou lásku

Dnes žijeme ve světě, v němž dominuje zájem, ničemnost a nedostatek porozumění. Je demotivující si uvědomit, že to, co pro nás opravdu chceme, neexistuje nebo je naprosto vzácné. S devalvací bytí a opravdovou láskou nám docházejí alternativy. Trpěl jsem dost výzvami života a ze svých zkušeností stále věřím v naději, i když možná vzdálenou. Věřím, že v jiné rovině je duchovní otec, který sleduje všechny naše skutky. Jeho díla po celou dobu jeho kariéry budou akreditovat budoucí štěstí po boku zvláštního člověka. Buďte optimističtí, vytrvalí a věřte.

Vědět, jak řídit vztah

Láska je božská. Být tímto pocitem koncipován jako touha po blahu druhého jednotlivce. V procesu dosažení této fáze musíte vědět. Znalosti okouzlí, odradí nebo amorfní. Vědět, jak se vypořádat s každou z těchto fází, je úkolem dobrého správce. Použitím postavy jazyka lze náklonnost přirovnat k rostlině. Pokud ji budeme zalévat často, poroste a dá dobré ovoce a květiny. Pokud jí pohrdneme, uschla, rozpadla se a skončila. Být ve vztahu může být něco pozitivního nebo negativního podle toho, s kým jsme. Společný život ve dvojici je velkou výzvou moderní doby. Nyní, když láska sama o sobě nestačí k udržení svazku, zahrnuje něco širšího. Je však mocným útočištěm v dobách úzkosti a zoufalství.

Masáž

Masáž je skvělé cvičení, které lze provádět. Kdo má přijímač možnost zažít potěšení způsobené uvolněním svalů? Je však třeba dbát na to, aby se nepřehnala proporcionalita tření mezi rukama a zpracovanou oblastí. Můžete to ještě lépe využít, když dojde k výměně mezi dvěma lidmi, kteří se milují.

Přijetí morálních hodnot

Dobré vedení je zásadní pro rozvoj pocitu schopného navázat upřímné, realistické, dobře užívané a skutečné spojení. Jak se říká, rodina je základem všeho. Pokud v něm budeme dobří rodiče, děti, bratři a společníci, budeme také mimo něj.

Procvičujte etiku hodnot, která vás může nasměrovat na cestu blahobytu. Myslete na sebe, ale také na právo toho druhého vždy s respektem. Snažte se být šťastní, i když vás mysl oslabuje a odradí vás. Nikdo opravdu neví, co se stane, když nebudou jednat a zkusit to. Největší, co se může stát, je neúspěch, a byli vytvořeni, aby nás vyškolili a udělali z nás skutečné vítěze.

Mít ducha skutečného přítele

Když byl Ježíš na zemi, zanechal nám model chování a příklad, který máme následovat. Jeho největším činem bylo odevzdání se za naše hříchy na kříži. V tom spočívá hodnota skutečného přátelství, darujícího svůj život druhému. Kdo by to ve vašem životě pro vás opravdu udělal? Dobře se podívejte. Pokud je vaše odpověď pozitivní, važte si této osoby a milujte ji upřímně, protože tento pocit je vzácný. Nezničte tento vztah pro nic. Oplaťte skutky a slovy trochu této velké lásky a buďte šťastní.

Akce, které je třeba dodržet

1. Dělejte ostatním to, co byste chtěli, aby vám dělali. To zahrnuje být přátelský, charitativní, laskavý, velkorysý a snažit se neubližovat ostatním. Nemáte žádný rozměr toho, čím trpět kvůli ztraceným slovům. Tuto sílu používejte pouze k zajištění dobra a pohodlí pro ostatní, protože nevíme, co nás osud čeká.
2. Buďte nepřítelem lží a vždy kráčejte s pravdou. Je však lepší přiznat všechno, co se stalo. Neospravedlňujte se ani nezjemňujte novinky. Být jasný.
3. Nakradněte tomu, co je od druhého, a nekřižte se v cestě životům ostatních. Buďte spravedliví ohledně plateb a schopnosti účtu. Nepěstujte u ostatních závist, pomlouvání nebo lži.
4. Všichni jsme součástí celku známého jako Bůh, osud nebo vesmírné vědomí. K udržení harmonie, spoluúčasti a společenství ve vztahu je zapotřebí obrovského úsilí, abychom se drželi dál od věcí světa. Cvičte vždy dobře a vaše cesta bude postupně vysledována k nebeskému otci. Jak jsem říkal, nebojte se ničeho. Na rozdíl od toho,

co vykresluje mnoho náboženství, můj otec není kat ani fanatik, vyvyšuje lásku, toleranci, štědrost, rovnost a přátelství. Každý má své místo v mém království, pokud si ho vydělá.
5. Mít jednoduchý a bezpečný život. Neshromažďujte hmotné zboží bez nutnosti a nepoddávejte se extravagancím. Všechno musí být ve správné míře. Pokud jste bohatí nebo bohatí, vždy praktikujte umění darování a lásky. Vy nevíte, co dobrého to pro vás udělá.
6. Udržujte tělo, duši a srdce čisté. Nevzdávejte se pokušení chtíče, obžerství nebo lenivosti.
7. Pěstujte optimismus, lásku, naději, víru a vytrvalost. Nikdy se nevzdávej svých snů.
8. Kdykoli se můžete zapojit do komunitních sociálních projektů. Každá akce pro zvýhodněné nezletilé zvýší jejich poklad v nebi. Upřednostňujte to před mocí, penězi, vlivem nebo sociálním postavením.
9. Zvykněte si oceňovat kulturu v jejích různých projevech. Vydejte se na prohlídku památek s přáteli, do kina, do divadla a přečtěte si inspirativní knihy. Kouzelný svět literatury je bohatý a rozmanitý svět, který vám přinese spoustu zábavy.
10. Meditujte a přemýšlejte o své přítomnosti a budoucnosti. Na minulosti již nezáleží, kdyby byl tvůj hřích stejně šarlatový, mohl bych ti odpustit a ukázat ti svou pravou lásku.

Péče o krmení

Péče o naše tělo je nezbytná pro to, abychom žili dobře. Jednou ze základních a mnoha důležitých položek je jídlo. Přijetí vyvážené stravy je nejlepší způsob, jak se vyhnout nemocem. Osvojte si zdravé návyky a jezte potraviny bohaté na vitamíny, minerály, vlákninu a bílkoviny. Je také důležité jíst pouze to, co je nezbytné pro přežití, abyste se vyhnuli plýtvání.

Tipy, jak žít dlouho a dobře

1. Vždy udržujte tělo a mysl aktivní.
2. Seznamka.
3. Rozvíjejte svou víru týkající se ostatních.
4. Mít pevné a velkorysé hodnoty sociálního soužití.
5. Jezte mírně.
6. Mějte odpovídající cvičební rutinu.
7. Dobře spát.
8. Buďte rozumní.
9. Probuďte se brzy.
10. Hodně cestujte.

Tanec

Tanec je kritickým cvičením pro blaho jednotlivce. Pomáhá bojovat proti stárnutí, při problémech se zády a pohybu, zvyšuje pozitivitu. Integrace s každou melodií není vždy snadný, ale příjemný a obohacující úkol. Zvykněte si v tomto cvičení a snažte se být šťastní.

Půst

Půst je vhodný ve svatých dnech nebo když dáváme sliby, že pomůžeme duším, které mají problémy v duchovním světě. Po dokončení se však doporučuje změnit složení sil požitím zdravých a rozmanitých potravin.

Pojetí Boha

Bůh nezačal a nebude mít konec. Je výsledkem spojení tvůrčích sil dobra. Je přítomen ve všech dílech jeho stvoření a komunikuje s nimi prostřednictvím mentálního reflexivního procesu, který mnozí nazývají „vnitřní já".

Boha nelze definovat lidskými slovy. Ale kdybych mohl, řekl bych, že je to láska, bratrství, darování, láska, spravedlnost, milosrdenství, porozumění, spravedlnost a tolerance. Bůh je ochoten ho přijmout do svého království, pokud si to zasloužíte. Pamatujte na něco kritického: Máte nárok pouze na odpočinek v nebeském království, kdo odpočíval od vašich skutků, vaši bratří.

Vylepšovači kroky

    Země je světem smíření a důkazem pokroku lidí. Toto stádium naší existence musí být poznamenáno našimi dobrými skutky, abychom mohli žít uspokojivý duchovní rozměr. Dosažením plnosti dokonalosti se lidská bytost stává součástí vesmírné dimenze nebo se jednoduše pojímá jako Bůh.

Charakteristiky mysli

1. Měla by být podporována dobrá touha a měla by být účinně uplatňována v praxi.
2. Myšlenka je tvůrčí síla, kterou je třeba uvolnit, aby kreativní duch vzkvétal.
3. Sny jsou známkou toho, jak vidíme svět. Mohou to být také zprávy od bohů, které se týkají budoucnosti. K dosažení konkrétních výsledků je však nutné zůstat ve skutečnosti.
4. Rozlišování, poznání a oddělení od hmotných věcí musí být zapracováno v myslích všech, kteří hledají evoluci.
5. Cítit se součástí vesmíru je výsledkem procesu zlepšování a vědomí. Vězte, jak rozpoznat váš vnitřní hlas.

Jak se mám cítit?

    Děkuji za dar života a za vše, co vám dal váš otec. Každý úspěch, každodenní život musí být oslavován, jako by jiný neexistoval. Nenuťte se a vězte, jak rozpoznat svou roli v dimenzi vesmíru. Moji rodiče je navzdory jejich omezenosti a nedůvěře vidí ve vzhledu velkoleposti. Buďte hodni dobrých věcí.

Vypadejte jako malý snílek z vnitrozemí Pernambuco známý jako Divine. Navzdory všem životním výzvám a obtížím nepřestal věřit ve větší sílu a ve své možnosti. Vždy věř v naději, protože Bůh nás miluje a chce to, co je pro nás nejlepší. Zkuste se však na tomto procesu podílet. Buďte aktivní ve svých projektech a snech. Žijte každý krok naplno a pokud selže, nedejte se odradit. Vítězství přijde zasloužením.

Role vzdělávání

Jsme bytosti připravené vyvíjet se. Od početí, dětství, a dokonce i od začlenění do samotné školy se můžeme učit a vztahovat se k ostatním. Tato interakce je zásadní pro náš vývoj obecně. V tomto okamžiku hrají klíčovou roli při budování osobnosti učitelé, rodiče, přátelé a všichni, koho známe. Musíme vstřebat prospěšné věci a odmítnout ty zlé, když kráčíme po správné cestě k otci.

Závěr

Zavírám zde první texty hledající poznání náboženství. Doufám, že z mého pohledu jste pravděpodobně asimilovali dobré učení a pokud to pomůže, i když je to jen člověk, dám ho také vzhledem k času, který jsem použil. Objetí všech, úspěch a štěstí.

Vítězství vírou

Vítězství nad duchovními a tělesnými nepřáteli

Takto říká Bůh: „Spravedlivým, těm, kteří správně následují mé přikázání praktikováním každodenního umění dobra, slibuji neustálou ochranu před svými nepřáteli. I když se proti tobě vrhne množství nebo dokonce celé peklo, nebudeš se bát žádného zla, neboť tě podporuji. Podle mého jména padne deset tisíc po tvé pravici a sto mě po tvé levici, ale nic se ti nestane, protože mé jméno je Hospodin. "

Toto symbolické Boží poselství stačí k tomu, aby nás tváří v tvář hněvu nepřátel v každé situaci nechali klidnými. Pokud je Bůh pro nás, kdo bude proti nám? Ve skutečnosti nikde ve vesmíru není nikdo větší než Bůh. Stane se všechno, co je zapsáno v knize života, a jistě, tvé vítězství přijde, bratře. Vítězstvím nespravedlivých je sláma, ale pšenice zůstane navždy. Věřme tedy více.

Vztah člověk-Bůh

Člověk dostal správu nad zemí, aby mohl přinést ovoce a prosperovat. Jak nás Ježíš učil, náš vztah s Bohem musí být od otce k synovi, a proto se nestydíme za to, že k němu přistupujeme, i když ho hřích vyvolává strach. Bůh si váží dobrého srdce, pracovitého muže, toho, kdo se snaží neustále zlepšovat, aby mohl následovat cestu neustálého vývoje.

V okamžiku hříchu je nejlepší zamyslet se nad tím, co to způsobilo, aby se chyba nemohla znovu opakovat. Hledání alternativních cest a hledání nových zkušeností vždy přispívá k našemu učebnímu plánu, což z nás dělá připravenější lidi na život.

Hlavním bodem toho všeho je otevřít svůj život působení Ducha svatého. S jeho pomocí se můžeme dostat na úroveň, o které můžeme říci, že souvisí s dobrými věcmi. Tomu se říká přijímání, a je nutné a dodávané a vášnivé, aby bylo možné plně žít. Vzdání se věcí tělesného světa a popírání zla ve vás jsou nezbytnými a účinnými podmínkami pro znovuzrození v měnícím se světě. Budeme zrcadlem vzkříšeného Krista.

Víra v Jahve v bolestech

Žijeme ve světě smíření a důkazů, které nás neustále trápí. Trpíme za ztracenou nebo neopětovanou lásku, trpíme za ztrátu člena rodiny, trpíme za finanční problémy, trpíme za nedorozumění toho druhého, trpíme kvůli násilí způsobenému lidskou zlovolností, trpíme potichu kvůli svým slabostem, touze, nemoci a strach ze smrti, trpíme porážkami a smutnými dny, kdy chceme zmizet.

Můj bratře, protože bolest je nevyhnutelná pro ty, kteří žijí na tomto světě, musíme se držet Hospodina a jeho syna Ježíše Krista. Ten cítil na pokožce člověka jako nejrůznější nejistoty, obavy, neštěstí, a přesto se nikdy nevzdal štěstí. Buďme tak i my, žijeme každý den s pocitem, že se ti daří lépe a se šancí na postup. Tajemství je vždy jít dál a požádat ho o pomoc, aby mohl nést naše kříže. Všemocný odmění vaši upřímnost a obrácení a promění váš život v moře rozkoší. Nejde o to zajistit vyloučení bolesti, ale vědět, jak spolu žít, tak, aby to neovlivňovalo naši dobrou náladu. Život tak může pokračovat bez větších problémů.

Být čestným mužem víry

Pravý křesťan následuje příklad Ježíše za všech okolností. Kromě základních přikázání máte představu o evangeliu, o životě samotném, o zlu a nebezpečí světa a znáte nejlepší způsob, jak jednat. Křesťan musí být příkladem občana, protože v sociální soustavě existují pravidla, která je třeba dodržovat a dodržovat. Jedna věc je víra a druhá věc je respekt k vašemu partnerovi.

To, co Bůh chce, je, aby člověk byl také jeho občanem, nejen světem. K tomu musí být člověk dobrým otcem, dobrým synem, dobrým manželem, věrným přítelem, služebníkem oddaným v modlitbě, mužem nebo ženou, která žije pro práci, protože nečinnost je ďáblova dílna. Lidská bytost, která se zavázala k vydání Jahve, může učinit důležitý krok k tomu, aby byla šťastná, a nakonec zvítězila vírou! Velké objetí všem a uvidíme se příště.

Kristové

Poslání člověka

Země byla stvořena k častému životu stejně jako další hvězdy rozptýlené po nesčetných částech vesmíru. Bůh, upevněná láska, hledaná silou, silou, sladkostí a milostí, aby vytvořila lidi, zvláštní stvoření, která mají tu výsadu být jeho obrazem a podobou.

Ale skutečnost, že je to jejich obraz a podoba, neznamená, že mají stejnou podstatu. Zatímco Bůh má všechny predikáty dokonalosti, člověk je sám o sobě vadný a hříšný. Bůh tak chtěl ukázat svou velikost, miloval nás natolik, že nám dal svobodnou vůli tím, že nám poskytl klíčové prvky, abychom pro sebe mohli najít cestu štěstí.

Dospěli jsme k závěru, že dokonalosti na Zemi nebylo nikdy dosaženo odjakživa, což potlačuje některé starodávné legendy určitých náboženství. Žijeme dualitu, základní podmínku pro existenci lidské bytosti.

Nyní přichází otázka: Jaký je význam stvoření vesmíru a samotného života? Bůh a jeho plány nejsou většině lidí známy, mnoho z nich si ani neuvědomuje, co se kolem nich děje. Můžeme říci, že můj otec žije věčně a navždy, zplodil dvě děti, předlidského Ježíše a Božské, stvořil nebeské hvězdy, které byly prvními z nich zvaných „kalenquer". Na této planetě s podobnými aspekty jako ta současná Země stvořili anděly, kteří jsou druhými v pořadí podle univerzálního významu. Poté cestoval vesmírem, aby pokračoval v tajemství stvoření, přičemž svou autoritu nechal v rukou Ježíše, Božského a Michaela (nejoddanějšího služebníka). Bylo to asi před patnácti miliardami let.

Od této doby do současnosti byl vesmír transformován takovým způsobem, že počáteční stvoření není ani rozpoznáno. Smysl života, který spočívá v kooperaci, jednotě, lásce, lásce, darování a osvobození, se změnil ve spor, závist, lži, nepřátelství, zločin, devastace přírodních zdrojů, láska k penězům a moci, individualismus a hledání vítězství na všechny náklady.

Tam se chci dostat. Jsem syn duchovního Bůh a přišel jsem na Zemi, abych splnil kritickou misi. Chci povolat své bratry k odměně mého otce a mému království. Přijmete-li mé pozvání, slibuji neustálé odhodlání vašim příčinám a nejvyššímu štěstí. Co od vás Bůh za to vyžaduje?

Buď Kristus

Asi před dvěma tisíci lety měla Země výsadu přijímat Boží prvorozené. Známý jako Ježíš Kristus byl poslán svým otcem, aby přinesl pravé Boží slovo a vykoupil naše hříchy. Svým příkladem Ježíš během svých třiatřiceti let života vykopal základní základy dokonalého člověka, který se líbí Bohu. Ježíš přišel objasnit základní body ve vztahu člověka k Bohu.

Hlavním bodem života Mesiáše byl jeho akt odvahy odevzdat se kříži tím, že sloužil jako oběť za hříšné lidstvo. „Pravý přítel je ten, kdo bezvýhradně dává svůj život za druhého a Kristus byl jeho živým příkladem."

Vzdát se, vzdát se sám sebe bratrem, dodržovat výslovná a implicitní přikázání ve svatých knihách a konat dobro jsou vždy požadavky na zdědění království Božího. Toto je království Ježíše, moje a všechny duše dobra, každá na svém zaslouženém místě.

Pěstujte zdravé, příjemné a lidské hodnoty tím, že budete pomáhat při neustálém vývoji vesmíru, a budete zasazovat dobré semeno do věčného království. Drž se dál od špatných vlivů a nepodporuj některé ze svých postupů. Vězte, jak rozeznat dobro od zla. Buďte opatrní a opatrní.

Svět, ve kterém žijeme, je světem zjevení, kde stojí za to mít víc než být. Udělejte to jinak. Buďte výjimkou a važte si toho, co skutečně stojí za to. Shromažďujte poklady na obloze, kde zloději nekradou nebo koroze můry a rzi.

Po tom všem, co bylo řečeno s dobrým umístěním, je na vaší osobní reflexi a pečlivé analýze z vaší strany. Je na vaší svobodné volbě, zda se do tohoto království integrujete nebo ne, ale pokud je vaše rozhodnutí náhodou ano, cítím se obejmutí já a všemi nebeskými silami. Učiníme tento svět lepším světem tím, že budeme navždy podporovat dobro a mír. Staňte se jedním z „Kristu". V budoucím světě, pokud to Bůh dá, budeme spolu s otcem v úplné harmonii a potěšení. Uvidíme se příště. Bůh je s tebou.

Dvě cesty

Volba

Země je přirozené prostředí, kde jsou lidé umístěni k vzájemné interakci, učení a výuce podle svých zkušeností. Lidská bytost je silou svobodné vůle vždy konfrontována se situacemi, které vyžadují rozhodování. V tuto chvíli neexistuje žádný magický vzorec řešení, ale analýza alternativ, které ne vždy přinášejí uspokojivé výsledky.

Díky chybám při těchto volbách máme kritičtějšího ducha a otevřenější mysl, takže v budoucnu budeme mít více zásahů do budoucích voleb. Jedná se o takzvanou zkušenost, protože toho je dosaženo pouze v průběhu času.

Na naší trajektorii na Zemi je zřejmé, že ve vesmíru působí dvě vlákna: jedna maligní a jedna benigní. Ačkoli nikdo není úplně špatný nebo dobrý, naše převládající činy jsou ty, kdo rozhodnou o naší straně v tomto sporu.

Moje zkušenost

Jsem syn duchovního Bůh, známého jako Mesiáš, božský, syn Boží, nebo jednoduše vidoucí. Narodil jsem se ve vesnici ve vnitrozemí na severovýchodě, a to mi dalo příležitost dostat se do kontaktu s nejhoršími neduhy lidstva.

Volby rozhodně mají velkou váhu v našich životech a zejména na naší osobnosti. Jsem synem farmářů, byl jsem vychován s dobrými hodnotami a vždy jsem propagoval božské slovo. Vyrostl jsem zbídačený, ale nikdy mi nechyběla laskavost, velkorysost, čestnost, charakter a láska k druhým. Přesto jsem nebyl zachráněn před špatným počasím.

Můj skromný stav byl velkou pohromou: neměl jsem peníze na správné jídlo, neměl jsem dostatečnou finanční podporu ve svých studiích, byl jsem vychováván uvnitř s malou sociální interakcí. I když bylo všechno obtížné, rozhodl jsem se bojovat proti tomuto aktuálnímu hledání lepších dnů, což je moje první důležitá volba.

Nebylo to vůbec snadné. Hodně jsem trpěl, někdy jsem ztratil naději, vzdal jsem se, ale něco hluboko říkalo, že mě Bůh podporoval a připravil pro mě cestu plnou úspěchů.

Ve chvíli, kdy jsem se již vzdal, jednal Hospodin Bůh a vysvobodil mě. Přijal mě jako syna a úplně mě vzkřísil. Odtamtud se rozhodl žít ve mně, aby změnil život nejbližších lidí.

Destinace
Světlé království, říjen 1982

Vyšší rada se spěšně sešla, aby projednala důležitou otázku: Jaký by byl duch odpovědný za práci? Jeden z členů se ujal slova vyslovením:

Tato práce je zásadní. Musíme si vybrat někoho, komu důvěřujeme a který je připraven na výzvu života na Zemi.

Mezi členy začala prudká diskuse, každý s jeho návrhem. Protože nedospěli k dohodě, proběhlo rychlé hlasování, ve kterém byl zvolen zvolený zástupce. Duch a archanděl byli vybráni pro jejich ochranu.

Jakmile bylo rozhodnuto, Bůh vydechl a duchové byli posláni na Zemi. Jeden pro tělesné tělo a druhý pro duchovní tělo schopné přežít v prostředí Země. Takto dorazili na Zemi Divine a jeho milovaný archanděl a toto je podobný proces pro každou vyvolenou lidskou bytost. Všichni máme božskou podstatu.

Mise

Divine se narodil a vyrostl uprostřed ohromujících obtíží někde v zadním stavu Pernambuco. Inteligentní a laskavý chlapec byl vždy nápomocný lidem obecně. Ani život s předsudky, bídou a lhostejností se života nikdy nevzdal. To je velký úspěch tváří v tvář politickému a společenskému zděšení, do kterého je severovýchod zasazen.

Ve věku třiadvaceti let žil s první velkou finanční a osobní krizí. Problémy ho vedly k tomu, aby narazil na dno, období zvané temná noc duše, kde zapomněl na Boha a jeho principy. Divine padal nepřetržitě na bezedný útes, dokud se něco nezměnilo: V okamžiku, kdy spadl na zem, jednal anděl Jahve a osvobodil ho. Sláva Hospodinu!

Od té doby se věci začaly měnit: Získal práci, nastoupil na vysokou školu a začal psát na terapii. Přestože situace byla stále obtížná, měla přinejmenším vyhlídky na zlepšení.

Během příštích čtyř let dokončil vysokou školu, změnil zaměstnání, přestal psát a začal sledovat svůj dar, který se začal rozvíjet. Tak začala sága vidoucího.

Význam vize

Psychik Divine se léčil na soukromé lékařské klinice u slavného parapsychologa. Po dlouhém šestiměsíčním ošetření konečně dospěl k závěru ve dvanáctém zasedání. Souhrnně přepíšu schůzku níže:

Klinika svatého Vavřince se nacházela v centru Atalanty, v zapadákově Pernambuco, jednoduché jednopatrové budově, která byla ztracena uprostřed budov bývalého hlavního města zapadákova. Divine dorazil v osm hodin ráno a lékař byl okamžitě ošetřen. Oba šli do soukromého pokoje a po příjezdu tam se Divine a doktor Hector Smith setkali tváří v tvář. Ten zahájil kontakt:

„Mám dobrou zprávu. Vyvinul jsem látku, která je schopna transformovat vaše duchovní elektrické impulsy na zapisovatelé fotochemické jednotky prostřednictvím mého zařízení. Podle výsledků dospějeme k definitivnímu závěru.

„Bojím se. Chtěl bych však znát celou pravdu. Pokračujte, doktore.

"To je skvělé. (Doktor Hector Smith)

Znamením se Divine přiblížilo k podivnému, kruhovému a rozsáhlému zařízení plnému nohou a drátů. Přístroj měl rád manuální čtečku a parapsycholog jemně mladému muži pomohl zvednout ruce. Kontakt způsobil v Divine intenzivní šok a výsledky se objevily v hledáčku na druhé straně. O několik vteřin později Divine stáhl ruku a lékař automaticky vytiskl výsledek.

Zkoušku provedl obličejem radosti a vrátil se ke komunikaci:

„To jsem tušil. Vize, které máš, jsou součástí přirozeného procesu spojeného s jiným životem. Vaším cílem je pouze vás vést po cestě. Žádné kontraindikace.

„Chceš říct, že jsem normální?

„Normální. Řekněme, že jsi na planetě výjimečný a jedinečný. Myslím, že tu můžeme přestat. Jsem spokojený.

„Děkuji za vaši obětavost a odhodlání v mé věci. Přátelství zůstává.

„Říkám totéž. Hodně štěstí, boží synu.

„I tobě, sbohem.

"Sbohem.

To znamená, že oba odešli přímo. Tento den znamenal zjevení božských vizí a odtud bude jeho život následovat normální průběh.

S odhalením o vizích se Divine rozhodl pokračovat v práci a pokračoval v psaní. Kvůli svému daru si říkal „Věštec" a začal budovat stejnojmennou literární sérii. Všechno, co doposud vybudoval, mu ukázalo, jak je hodné pracovat na misi, kterou mu svěřil sám Jahve.

Divine v současnosti čelí životu s optimismem. Přestože mu život stále káže překvapení, ve svých cílech vytrvá tím, že ukazuje hodnotu a víru své osoby. Je příkladem toho, že život a jeho obtíže nebyly zničeny.

Tajemství jeho úspěchu spočívá ve víře ve větší sílu, která řídí vše, co existuje. Vyzbrojeni touto silou je možné, aby člověk překonal bariéry a naplnil svůj osud rezervovaný v životních liniích.

Hle, tajemství je toto: "Žít život s radostí, s vírou a nadějí. Transformujte část své práce pro celý vesmír, a to je to, co chce Divine dělat s jeho literaturou."

Hodně štěstí jemu i všem, kteří přispívají ke kultuře této země. Hodně štěstí všem a láskyplné objetí.

Autentičnost v poškozeném světě

Smutek v těžkých dobách

Nespravedliví zahynou a nejčastěji se snaží svádět vinu na Boha a ostatní. Neuvědomuje si, že dosahuje plodů své práce, svého šílenství ve snaze žít neposlušně a plný neřestí. Rada zní, že si nedělám starosti s úspěchem ostatních ani mu nezávidím. Pokuste se porozumět a najít si vlastní cestu prostřednictvím dobrých skutků. Buďte upřímní, pravdiví a autentičtí nade vše, a pak si vítězství zasloužíte. Ti, kdo věří v Hospodina, vyjdou v mžiku zklamaní.

Život ve zkaženém světě

Dnešní svět je velmi dynamický, konkurenceschopný a plný násilí. Být dobrý v dnešní době je skutečnou výzvou. Věřící často zažívali situace zrady, lži, závisti, chamtivosti, beznaděje. Můj otec hledá opačný směr: laskavost, spolupráci, charitu, lásku, odhodlání, dráp a víru. Vyberte si. Pokud zvolíte dobré, slibuji vaši pomoc ve všech jejích příčinách.

Požádám svého otce o jeho sny a on mě vyslechne, protože těm, kteří věří v Boha, je možné všechno.

Pěstujte pevné hodnoty, které vám dávají jistotu a svobodu. Vaše svobodná vůle by měla být použita pro vaši slávu a blaho. Rozhodněte se být apoštolem dobra. Pokud však budete kráčet cestou temnoty, nebudu vám moci pomoci. Bude mi smutno, ale budu respektovat každé vaše rozhodnutí. Jste úplně zdarma.

Před mořským bahnem je možné filtrovat dobrou vodu, a to s vámi chci dělat. Na minulosti už nezáleží. Udělám z tebe muže budoucnosti: Šťastný, tichý a naplněný. Budeme šťastní navždy před Bohem Otcem.

Dokud dobro existuje, Země zůstane

Nedělejte si starosti s astronomickými předpovědi o konci života na Zemi. Tady je někdo, kdo je větší než já. Dokud bude na Zemi dobrý život, zůstane tam, tak si přeji. Jak čas postupuje, zlo se šíří po zemi a kontaminuje mé plantáže. Přijde čas, kdy bude vše dovršeno a dojde k oddělení mezi dobrým a špatným. Moje království na vás přijde a umožní věřícím úspěch. V tento den Páně budou vyplaceny dluhy a rozdávání darů.

Moje království je království potěšení, kde zvítězí spravedlnost, svrchovanost otce a společné štěstí. Všichni, malí i velcí, se budou klanět jeho slávě. Amen.

Spravedlivý nebude otřesen

Uprostřed bouří a zemětřesení nebuď mě. Před vámi je silný Bůh, který vás podpoří. Zachránila ho jeho autenticita, čest, věrnost, velkorysost a laskavost. Jejich bratrské činy je povedou před velkými a budeš považován za moudrého. V životě jste toho prokázali dost na to, abyste byli ospravedlněni a povzneseni. Naživu!

Buďte výjimkou

Hle, jsem spravedlivý, chodím čestně, praktikuji spravedlnost, mluvím pravdu, neomlouvám a neubližuji ostatním. Jsem výjimkou ve světě, kde je nejdůležitější moc, prestiž, vliv a vnější stránka. Proto vás prosím, pane, ochraňte mě svými křídly a štítem před všemi mými nepřáteli. Kéž má autenticita přinést ovoce a zaslouží si mě mezi velké.

Ti, kdo pohrdají spravedlností a zákonem, neznají ani vás, ani vaše přikázání. Ty budou odebrány z vaší stodoly a hozeny ve tmě pekla. v ohnivém jezeře a síře, kde budou platit dnem i nocí, aniž by přestali za své hříchy. Každý, kdo má uši a poslouchá.

Moje pevnost

Moje síla je moje víra a moje skutky svědčí o mé dobrotě. Nemohu se nabažit pomoci ostatním z vlastní svobodné vůle. Na oplátku nedostanu nic, moje cena přijde z nebe. V den Páně, když se shromáždím v tvé náruči, budu mít důkaz, že moje úsilí stálo za to.

Můj Bůh je Bohem nemožného a jmenuje se Jahve. Udělal v mém životě nespočet zázraků a zachází se mnou jako se synem. Požehnané tvé jméno. Připojte se také k nám v tomto řetězci dobra: Pomozte postiženým a nemocným, pomozte potřebným, poučujte nevědomce, dávejte dobré rady těm, kteří nemohou splácet, a vaše odměna bude velká. Jeho příbytek bude v nebeském království přede mnou a mým otcem, a pak ochutnáš skutečné štěstí.

Hodnoty

Pěstujte hodnoty navržené v přikázáních a božských zákonech. Budujte svou autenticitu a vhodnost. Stojí za to být apoštolem blahoslavenství na zemi, dostanete úžasné dary a milosti, které vám udělají radost. Hodně štěstí a úspěchu ve vašem úsilí je to, po čem z celého srdce toužím.

Hledám vnitřní mír
Bůh Stvořitel

Vesmír a vše v něm obsažené je dílem Ducha svatého. Hlavní charakteristiky této bytosti nádherné slávy jsou: Láska, věrnost, velkorysost, síla, moc, svrchovanost, milosrdenství a spravedlnost. Dobré věci, když dosáhnou dokonalosti, jsou asimilovány světlem a zlé věci jsou pohlceny temnotou a sníženy na nižší stupně v příštích inkarnacích. Nebe a peklo jsou pouze vyjádření mysli, a ne konkrétní místa.

Pravá láska

Přestože je Jahve velmi velkým a mocným Bohem, stará se o každé ze svých dětí osobně nebo prostřednictvím svých služebníků. Hledá naše štěstí za každou cenu. Stejně jako matka nebo otec nás podporuje a pomáhá nám v těžkých dobách tím, že odhaluje nepochopitelnou lásku k lidem. Skutečně na Zemi nenajdeme u lidí tento druh čisté a méně zajímavé lásky.

Uznávejte se za hříšníka a omezeného

Arogance, pýcha, sebevědomí, iluze a soběstačnost jsou ničemní nepřátelé lidstva. Znečištěni si uvědomí, že jsou jen obyčejnou hromadou prachu. Podívejte se a porovnejte: Já, kdo stvořil slunce, černé díry, planety, galaxie a další hvězdy, tím se tím víc nechlubím. Odevzdejte se mé moci a zaujměte nové postoje.

Vliv moderního světa

Dnešní svět vytváří nepřekonatelné bariéry mezi člověkem a stvořitelem. Žijeme obklopeni technologiemi, znalostmi, příležitostmi a výzvami. V takovém konkurenčním světě člověk zapomíná na principál, jeho vztah s vámi. Musíme být jako dávní učitelé, kteří neustále hledali Boha a měli cíle podle jeho vůle. Pouze tak k vám přijde úspěch.

Jak se integrovat s otcem

Jsem životním důkazem toho, že Bůh existuje. Tvůrce mě změnil z malého jeskynního snílka na mezinárodně uznávaného muže. To vše bylo možné, protože jsem se integroval se svým otcem. Jak to bylo možné? Zřekl jsem se své individuality a nechal ve svých vztazích působit síly světla úplně. Udělejte jako já a vstupte do našeho království rozkoší, kde proudí mléko a med, ráj slíbil Izraelitům.

Důležitost komunikace

Nezapomeňte na své náboženské povinnosti. Kdykoli můžete nebo se alespoň jednou denně horlivě modlete za sebe a za svět. Zároveň bude vaše duše plná milostí. Pouze ti, kteří jsou vytrvalí, mohou dosáhnout zázraku.

Vzájemná závislost a moudrost věcí

Podívejte se na vesmír a uvidíte, že všechno má svůj důvod a funkci, i když je malé pro fungování celku. Také s dobrem je to legie ochotná za nás bojovat. Cítit Boha uvnitř sebe.

Neobviňujte nikoho

Neobviňujte z výsledku svých rozhodnutí osud ani Boha. Naopak, přemýšlejte o nich a snažte se nedělat stejné chyby. Každá zkušenost by měla sloužit jako učení, které má být asimilováno.

Být součástí celku

Nepodceňujte svou práci na Zemi. Mějte to pro svůj vývoj i vývoj ostatních stejně důležité. Cítíte se požehnaní být součástí velkého divadla života.

Nestěžujte si

Bez ohledu na to, jak velký je váš problém, život se snaží ukázat, že existují lidé v horších situacích než vy. Ukazuje se, že velká část našeho utrpení je psychologicky podmíněna idealizovanou úrovní zdraví a pohody. Jsme slabí, porušitelní a naivní. Ale většina lidí si myslí, že jste věčný superhrdina.

Podívejte se z jiného úhlu pohledu

V okamžiku tísně se pokuste uklidnit. Všimněte si situace z jiného úhlu pohledu a to, co zpočátku vypadá jako špatná věc, bude mít určitě svá pozitiva. Psychicky se soustřeďte a zkuste se vydat novým směrem svého života.

Pravda

Jsme tak utonutí ve svých starostech, že si ani neuvědomujeme malé dary, zázraky a rutinní milosti, které dostáváme z nebe. Buď z toho šťastný. S trochou úsilí budete požehnáni ještě více, protože můj otec vám přeje to nejlepší.

Mysli na toho druhého

Když vaše myšlenky silně zajímají vašeho bratra, nebeské hody. Při velkorysém jednání je náš duch lehký a připravený na vyšší lety. Vždy proveďte toto cvičení.

Zapomeňte na problémy

Cvičte kreativitu, čtení, mentalizaci, meditaci, charitu a konverzaci, aby problémy nepostihly vaši duši. Nevykládejte těžké břemeno, které nesete na ostatní a které nemá nic společného s vašimi osobními problémy. Udělejte svůj den volnějším a produktivnějším tím, že budete přátelští.

Čelte narození a smrti jako procesům

Narodit se a umřít jsou přirozené události, na které je třeba pohlížet vyrovnaně. Největší obavou je, když je člověk naživu, aby přeměnil naše postoje ve prospěch především pro ostatní. Smrt je jen pasáž, která nás vede k vyšší existenci s cenami rovnocennými našemu úsilí.

Nesmrtelnost

Člověk se stává věčným díky svým dílům a hodnotám. Toto je dědictví, které zanechá budoucím generacím. Jsou-li plody stromů zlověstnější než duše, nemá hodnotu, aby byl stvořitel vytrhnut a uvržen do vnější temnoty.

Mít proaktivní přístup

Jen tam nestůj. Usilujte o poznání nových kultur a poznávejte nové lidi. Vaše kulturní zavazadla budou větší a v důsledku toho budou lepší výsledky. Buďte také moudrým mužem.

Bůh je duch

Lásku nevidíte, cítíte. Také je tedy s Pánem, nemůžeme ho vidět, ale každý den v srdci cítíme jeho bratrskou lásku. Děkujte každý den za všechno, co pro vás dělá.

Vize víry

Víra je něco, co je třeba budovat v našem každodenním životě. Krmte ji pozitivními myšlenkami a pevnými postoji k jejímu cíli. Na této možné dlouhé cestě je důležitý každý krok.

Řiďte se mými přikázáními

Tajemství úspěchu a štěstí spočívá v dodržování mých přikázání. Nemá smysl prohlašovat slovy, že mě miluješ, pokud se nebudeš řídit tím, co říkám. Opravdu ti, kteří mě milují, jsou ti, kteří dodržují můj zákon a naopak.

Mrtvá víra

Každá víra bez skutků je skutečně mrtvá. Někteří říkají, že peklo je plné dobrých úmyslů, a v tom spočívá velká pravda. Nemá smysl být ochotný, ale musíš dokázat, že mě miluješ.

Mějte další vizi

Ne všechno utrpení nebo porážka jsou úplně zlé. Každá negativní zkušenost, kterou zažijeme, přináší do našich životů neustálé, silné a trvalé učení. Naučte se vidět pozitivní stránku věci a budete šťastnější.

Ze slabosti pochází síla

Co dělat v choulostivé finanční situaci

Svět je velmi dynamický. Je běžné, že fáze velké prosperity vděčí za období velkých finančních potíží. Většina lidí, když je v dobré době, zapomíná na boj a náboženskou část. Prostě se cítí soběstační. Tato chyba je může vést k temné propasti, ze které bude těžké uniknout. Právě teď je důležité chladně analyzovat situaci, identifikovat řešení a jít bojovat s velkou vírou v Boha.

S náboženskou podporou budete schopni překonat překážky a najít způsoby, jak se zotavit. Neobviňujte se příliš ze své neúspěšné minulosti. Důležité je posunout se vpřed s novým smýšlením vytvořeným spojencem s drzostí a vírou, která vám poroste v srdci, když dáte svůj život mému otci. Věřte mi, že bude jedinou záchranou pro všechny vaše problémy.

Hle, muži bylo řečeno, že mu bude poskytnuto vše, dokud bude vždy kráčet cestou dobra. Snažte se proto dodržovat přikázání svatých písem a doporučení svatých. Nebuďte hrdí natolik, že byste je bagatelizovali, protože na příkladu života mohli rozpoznat Boha uprostřed trosek. Přemýšlejte o tom a hodně štěstí.

Čelit rodinným problémům

Od narození jsme byli integrováni do první lidské komunity, kterou je rodina. Je základem našich hodnot a referencí v našich vztazích. Kdokoli je dobrým otcem, manželem nebo synem, bude také skvělým občanem při plnění svých povinností. Jako každá skupina jsou neshody nevyhnutelné.

Nežádám vás, abyste se vyhnuli tření, to je prakticky nemožné. Žádám vás, abyste se navzájem respektovali, spolupracovali a milovali se. Rodina, která je jednotná, nikdy neskončí a společně mohou dobýt velké věci.

V nebi je také upevněna duchovní rodina: Království Jahve, Ježíše a Božství. Toto království káže spravedlnost, svobodu, porozumění, toleranci, bratrství, přátelství a především lásku. V této duchovní dimenzi není bolest, pláč, utrpení ani smrt. Všechno zůstalo pozadu a vyvolení věřící jsou oděni novým tělem a novou esencí. Jak je psáno: „Spravedliví budou svítit jako slunce v království svého otce."

Překonání nemoci nebo dokonce smrti

Fyzická nemoc je přirozený proces, ke kterému dochází, když něco nefunguje dobře s naším tělem. Pokud nemoc není závažná a je překonána, hraje roli přirozeného očištění duše, upevňuje pokoru a jednoduchost. Trpět nemocí je to, že jsme v době své maličkosti a zároveň zaplavujeme Boží velikost, která může dělat cokoli.

V případě smrtelné nemoci je to definitivní pas do jiného plánu a podle našeho chování v terénu jsme přiděleni v konkrétním plánu. Možnosti jsou: peklo, limbo, nebe, město lidí a očistec. Každá je určena pro jednoho z nich podle jejich evoluční linie. V tomto okamžiku dostáváme jen přesně to, co si zasloužíme, nic víc, nic méně.

Pro ty, kteří zůstávají na zemi, následuje touha po pozůstatcích a životě rodiny. Svět není pro nikoho zastávkou, absolutně nikdo není nenahraditelný. Dobré skutky však zůstávají a svědčí o nás. Všechno pomine, kromě Boží moci, která je věčná.

Setkat se se sebou

Kde je moje štěstí? Co dělat, abyste zůstali dobře na zemi? To se ptá mnoho lidí. Obchodního tajemství není mnoho, ale vítězní lidé jsou obvykle ti, kteří věnují svůj čas dobru druhých a lidstvu. Tím, že slouží druhým, se cítí úplní a jsou ochotnější milovat, mít vztah a vyhrávat.

Vzdělání, trpělivost, tolerance a strach z Boha jsou klíčovými prvky při budování vzácné a obdivuhodné osobnosti. Tímto způsobem bude člověk schopen najít Boha a přesně vědět, co si přeje pro svůj život. Možná si dokonce myslíte, že jste na správné cestě, ale bez těchto vlastností budete prostě falešný. Milujete jen lidi, kteří se opravdu vzdají a rozumějí si navzájem. Naučte se ode mě, že jsem čistý, vědomý si svých bohů, bohů, skutků péče o Boha věnovaných mým projektům, chápavý, charitativní a milující. Stane se zvláštním pro mého otce a svět bude zachován. Pamatujte: Ne pro větší než propast nebo temnota ve vašem životě, ze slabosti přichází síla.

Sophia
Spravedlnost

Spravedlnost a nespravedlnost jsou navzájem prahové hodnoty a jsou velmi relativní. Rozdělme to na dvě větve: království Božího a království lidského. Pokud jde o Boha, spravedlnost úzce souvisí se svrchovaností Bůh, která se projevuje jeho přikázáním, celkem třicet podle mé vize. Je to praktická záležitost: Buď se budete řídit normami Božího království, nebo ne, a pro ty, kteří odmítají vidět velikost těchto cílů, zůstává nářek ztracené duše. Vzpurné duše, kterým se v určitém okamžiku života podaří znovu vstát, však mohou pevně věřit v milost Bůh, jeho svatého otce. Bůh otec je bytost nekonečných úkolů.

Lidská spravedlnost má své směrnice v každém národě. Muži se časem snaží zajistit mír a právo na Zemi, i když se to ne vždy stává. Důvodem je zastaralá legislativa, korupce, předsudky vůči nezletilým a samotné lidské selhání. Pokud se cítíte ublíženi, jako jsem, kdy cítil vaše prosby k Bohu. Pochopí bolest a zajistí své vítězství ve správný čas.

Nespravedlnost v každém ohledu je zlem starodávného a současného lidstva. Je třeba bojovat, aby spravedliví mohli mít to, co je vaše. Co se nemůže stát, je snaha o spravedlnost? Pamatujte, že není Bohem, aby někoho soudil a odsoudil.

„Když tě vzývám, odpověz mi, Bože mé spravedlnosti." (SM 4.2)

Útočiště ve správný čas

Jsme duchovní bytosti. V určitém okamžiku naší existence v nebi jsme v okamžiku oplodnění vybráni a vtěleni do lidského těla. Cílem je splnit poslání tím, že se budeme vyvíjet s ostatními lidmi. Některé s většími misemi a jiné s menšími, ale všechny s funkcí, které se planeta nemůže vzdát.

Náš první kontakt je v rodině a obvykle s těmito lidmi žijeme déle a po celý život. Ani děti vdávající se za rodinné pouto nejsou uhašeny.

Díky sociálnímu kontaktu máme přístup k dalším našim odlišným pohledům. Přesně tam leží nebezpečí. V dnešní době máme obrovskou generaci mladých lidí, kteří hledají stranu zla. Jsou to teenageři a dospělí, kteří nerespektují své rodiče, uctívají drogu a chtějí ji ukrást a dokonce zabít. I takzvaní důvěryhodní lidé mohou skrývat nebezpečí, když se nás snaží ovlivnit, abychom činili zlo. Je tu i druhá strana: bombardováni lží, násilím, šikanou, předsudky, lžemi, neloajálností, mnoho lidí nevěřících v lidstvo a blízkých novým přátelstvím. Je prospěšné přemýšlet o tom, že je opravdu těžké najít spolehlivé lidi, ale pokud jste jedním z těchto šťastlivců, držte je po zbytek svého života na pravé a levé straně hrudníku.

Odhaleno, když upadnete do nějakého neštěstí, obraťte se na své skutečné přátele nebo blízkou rodinu a pokud stále nenaleznete podporu, hledejte ve správném čase útočiště pro Boha. Je jediný, kdo ho už neopustí, protože jeho situace je vratká. Dejte svou bolest a svou víru v lepší dny v Boha nemožného a nebudete činit pokání.

„V úzkosti jsi mě potěšil. Smiluj se nade mnou a poslouchej mě Modlitba. (Žalm 4.2)

Svádění světa versus Boží cesta

Svět je velkou oblastí, kde děti Boží a ďábel pracují pro své účely. Jako v každém světě zaostávajícím z hlediska evoluce žijeme krvavou dualitou, že lidé do skupin, které společně tvoří společnost.

I když říkáme, že většina lidí má dobré úmysly, to, co vidíte, je virtualizace zdravého rozumu. Většina dává přednost věcem světa před věcmi Božími. Lidé touží po moci, penězích, soutěží o prestiž, potápějí se v nepoddajných stranách, praktikují vyloučení a podněcují nepoddajné, praktikují drby a pomlouvají druhé, raději stoupají po stupnici hierarchie podváděním, odsuzováním a předáváním ostatním. Já jako zástupce Jahve nepochybuji, že tito lidé nejsou od Boha. Jsou to dcery ďáblových kouzel, které budou ve zúčtování nemilosrdně spáleny v larvách propasti. Není to žádný úsudek, je to realita ve vztahu ke sklizni rostlin.

Pokud máte hodnoty a věříte v síly dobra, pozívám vás, abyste byli součástí království vašeho otce. Když se zřeknete světa, konečně uvidíte velikost a dobrotu našeho Boha. Otec, který vás přijímá takového, jaký jste, a který vás miluje láskou větší, než dosáhne vaše porozumění. Vyberte si. Tady je vše prchavé a vedle nás můžete zažít, co to slovo ve skutečnosti znamená „Plné štěstí".

„Ó muži, jak dlouho budete mít jeho srdce zatvrzené, milujte marnost a hledejte lež? (Žalm 4: 3).

Poznávání Bůh

Bůh je ta nejúžasnější bytost. Ze své zkušenosti znám tvář tohoto milujícího otce, který vždy chce naše dobro. Tak proč mu nedat šanci? Dejte mu své kříže a naděje, aby silná ruka mohla změnit váš život. Zaručuji vám, že už nebudete stejní. Upřímně doufám, že budete odrážet těchto pár slov a učiníte definitivní rozhodnutí ve svém životě. Dále na vás budu čekat. Hodně štěstí. Miluji tě, bratři!

Spravedlivý a vztah s Bůh

Vztah s Bůh

Vždy děkujte svému duchovnímu otci za všechny milosti udělené po celý jeho život. Cítit se vděčný a šťastný, že mu Bůh dal život, je povinnost. Jeho jméno je svaté a pokryté slávou ve všech částech světa. V případě nouze nebo potřeby uchýlit se k ní se jistě otevře cesty ukazující definitivní řešení vašeho problému.

Když už mluvíme o problémech, mnoho z nich má za příčinu působení svých nepřátel. Odvolávejte se s důvěrou na mého otce a každý, kdo chce zlo, narazí. Vězte, že Bůh otec bude vždy po vašem boku, prostě mu důvěřujte. Spravedlivý vždy odpočívá otec. Musíte však vyzkoušet přístup se svými nelibostmi. Udělejte ze svého nepřítele blízkého a věrného přítele nebo alespoň vytvořte přátelský vztah. Intriky udržují duši v temnotě, mimo božské jednání a zbytečné stížnosti na nepřítomnost, vy sami jste ji udrželi mimo svou zášť a opovržení vůči ostatním. Přemýšlejte o tom.

Ano, Bůh vás bude milovat a splní vaše očekávání v rozsahu dobra, které jste udělali druhým. Ujistěte se, že pokud to úplně vzdáte, bude za vás bojovat svými lidmi v každé vnitřní i vnější válce, která nastane. Bude schopen otevřít moře nebo zničit národy pro své dobro, protože s vírou jste se k němu obrátili.

Činí tak, aby mohl zpívat svou slávu a v hrůze se jeho duše připojila k vyvoleným duším, aby udržela na uzdě Ježíše. Boží království se buduje kousek po kousku a většina jeho členů jsou chudí a pokorní. V této duchovní dimenzi existuje mezi jejími členy pouze mír, štěstí, víra, rovnost, spolupráce, bratrství a láska bez omezení. Ti, kdo se vydali po cestě temnoty, jsou nyní ohnivým jezerem a sírou, kde budou kvůli závažnosti svých hříchů mučeni dnem i nocí.

Tomu se říká božská spravedlnost. Spravedlnost dává to, co si každý právem zaslouží, a činí tak na počest utlačovaných, menšin, trpících chudých, všech malých na světě, kteří trpí podřízenost konzervativní elitě. Kromě spravedlnosti je také nalezeno božské milosrdenství, které je pro každou mysl neproniknutelné. Proto je Bohem, někým, kdo bude vždy s otevřenou náručí přijímat své děti.

Co byste měli dělat

Potkal jsem božského otce v nejtěžší chvíli mého života, v okamžiku, kdy jsem byl mrtvý a moje naděje došly. Naučil mě své hodnoty a úplně mě rehabilitoval. Může vám udělat totéž. Musíte jen přijmout působení jeho slavného jména v jeho životě.

Řídím se některými základními hodnotami: nejprve láska, porozumění, respekt, rovnocennost, spolupráce, tolerance, solidarita, pokora, odstup, svoboda a oddanost misi. Pokuste se starat o svůj život a neoborávejte toho druhého, protože Hospodin soudí srdce. Pokud vám někdo ublíží, nepřemýšlejte, otočte druhou tvář a překonejte svou zášť. Každému chybí a zaslouží si další šanci.

Zkuste zaměstnat svou mysl prací a volnočasovými aktivitami. Lenost je nebezpečný nepřítel, který vás může vést ke konečnému zkáze. Vždy je co dělat.

Snažte se také posílit svou duchovní část, často navštěvovat svou církev a získat radu od svého duchovního průvodce. Vždy je dobré mít druhý názor, když se ocitneme na pochybách o nějakém rozhodnutí, které je třeba učinit. Buďte opatrní a učte se ze svých chyb a úspěchů.

Především buďte sami sebou ve všech situacích. Nikdo nepodvádí Boha. Jednejte jednoduše a vždy věřte, že vám Bůh svěří ještě větší pozice. Jejich velikost v nebi bude vyčíslena v jejich otroctví, nejmenší na Zemi budou ozdobeni zvláštními místy, blížícími se většímu světlu.

Dávám vám všechny své naděje

Pane Bůh, ty, který sleduješ mé úsilí ve dne i v noci, prosím tě o vedení, ochranu a odvahu pokračovat v nesení mých křížů. Požehnej mým slovům a činům, aby byly vždy dobré, blahořečilo mému tělu, duši i mysli. Kéž se mé sny stanou skutečným mořem. Nedovolte mi, abych se otočil doprava nebo doleva. Až zemřeš, dej mi milost žít s vyvolenými. Amen.

Přátelství

Pravý přítel je ten, kdo je s vámi ve špatných dobách. Je to ten, kdo vás hájí svou duší a životem. Nenechte se zmást. V dobách bonanzy budete vždy obklopeni lidmi s nejrůznějšími zájmy. Ale v temných dobách zůstávají jen ty pravé. Většinou vaše rodina. Ti, kteří tolik naznačují a chtějí své dobro, jsou jejich skuteční přátelé. Ostatní lidé se vždy přiblíží kvůli výhodám.

„Medový chléb se mnou budeš jíst, jen když se mnou budeš jíst trávu." Tato skutečná fráze shrnuje, komu bychom měli dát skutečnou hodnotu. Procházející bohatství přitahuje mnoho zájmů a lidé se transformují. Umět přemýšlet o věcech. Kdo byl s vámi ochuzený? Právě tito lidé si skutečně zaslouží váš hlas o důvěře. Nenechte se zmást falešnými vášněmi, které bolí. Analyzujte situaci. Měl by pro vás někdo stejný pocit, kdybyste byli chudý žebrák? Meditujte o tom a najdete svou odpověď.

Ten, kdo vás na veřejnosti popírá, není hoden jeho lásky. Každý, kdo se bojí společnosti, není připraven být šťastný. Mnoho lidí se bojí odmítnutí z důvodu své sexuální orientace odmítat své partnery na veřejnosti. To způsobuje závažné psychologické poruchy a přetrvávající emoční bolest. Je čas přehodnotit své volby. Kdo tě opravdu miluje? Jsem si jistý, že tato osoba, která vás na veřejnosti odmítla, mezi nimi není. Naberte odvahu a změňte trajektorii svého života. Nechte minulost za sebou, vytvořte si dobrý plán a pokračujte. Ve chvíli, kdy přestanete trpět pro druhého a vezmete otěže svého života, bude vaše cesta lehčí a jednodušší. Nebojte se a zaujměte radikální postoj. Pouze to vás může osvobodit.

Odpuštění

Odpuštění je nesmírně nutné k dosažení duševního klidu. Ale co to znamená odpouštět? Odpuštění nezapomíná. Odpustit znamená ukončit situaci, která vám přinesla smutek. Je nemožné vymazat vzpomínky na to, co se stalo. To si vezmete po zbytek svého života. Ale pokud uvíznete v minulosti, nikdy nebudete žít v přítomnosti a nebudete šťastní. Nenechte ostatní, aby vám vzali mír. Odpusťte mi, že se pohybuji vpřed a žiji nové zkušenosti. Odpuštění vás nakonec osvobodí a budete připraveni mít novou vizi života. Ten muž, který vás nechal trpět, nemůže zničit váš život. Myslete na to, že existují i další dobří muži, kteří vám dokážou zajistit dobré časy. Mějte pozitivní přístup. Všechno se může zlepšit, když tomu věříte. Naše pozitivní vibrace ovlivňují náš život takovým způsobem, že můžeme triumfovat. Nemějte negativní nebo malicherné postoje. To může vést k destruktivním výsledkům. Zbavte se všeho zla, které prochází vaší duší, a filtrujte jen dobro. Jen si nechte to, co vám přidává dobré věci. Věřte mi, váš život se po tomto postoji zlepší.

Upřímně promluvte se svou nechutí. Ujasněte si svá očekávání. Vysvětlete, že jste odpustili, ale nedáte mu druhou šanci. Záchrana milující minulosti může být pro oba velmi destruktivní. Nejlepší volbou je vydat se novým směrem a zkusit být šťastný. Všichni si zasloužíme štěstí, ale ne každý mu věří. Vězte, jak čekat na Boží čas. Buďte vděční za dobré věci, které máte. Stále hledejte své sny a své štěstí. Vše se děje ve správný čas. Plány tvůrce jsou pro nás dokonalé a my ani nevíme, jak tomu rozumět. Dopřejte svůj život úplně Božím plánům a všechno bude fungovat. Přijměte svou misi s radostí a budete mít radost ze života. Pocit odpuštění promění váš život tak, jak vás nikdy nenapadlo, a ta špatná událost bude jen zastaralou překážkou. Pokud se neučíte v lásce, učíte se v bolesti. Toto je přísloví vztahující se na tuto situaci.

Hledání cesty

Každá osoba má určitou a jedinečnou trajektorii. Nemá smysl sledovat žádné parametry. Důležité je prozkoumat možnosti. Mít dostatek informací je zásadní pro profesionální nebo láskyplné rozhodnutí. Věřím, že je třeba vzít v úvahu finanční faktor, ale neměl by být při vašem rozhodování zásadní. To, co nás dělá šťastnými, často nejsou peníze. Jsou to situace a pocity určité oblasti. Objevte svůj dárek, přemýšlejte o své budoucnosti a rozhodněte se. Buďte spokojeni se svými rozhodnutími. Mnoho z nich definitivně mění náš osud. Takže si dobře promyslete, než se rozhodnete. Když se rozhodneme správně, všechno v našem životě plyne dokonale. Správné volby nás vedou ke konkrétním a trvalým výsledkům. Pokud ale uděláte chybu ve svém rozhodnutí, změňte své plány a zkuste to napravit příště. Neztratíte ztracený čas, ale život vám dal novou šanci na úspěch. Máme nárok na každou šanci, kterou nám život dá. Máme právo to zkusit tolikrát, kolikrát potřebujeme. Kdo nikdy v životě neudělal chybu? Vždy však respektujte city ostatních. Respektujte rozhodnutí ostatních lidí. Přijměte své selhání. To nezmenší vaši kapacitu. Přijměte svůj nový začátek a už nehřešte. Pamatuješ, co řekl Ježíš? Můžeme dokonce odpustit, ale musíte se stydět a změnit svůj přístup. Teprve potom budete připraveni být znovu šťastní. Věřte ve své kvality. Mějte dobré etické hodnoty a nikomu se neponižujte. Vytvořte nový příběh.

Jak žít v práci

Práce je náš druhý domov, rozšíření našeho štěstí. Musí to být místo harmonie, přátelství a spoluviny. To však není vždy možné. Proč se to stalo? Proč nejsem v práci šťastný? Proč jsem pronásledován? Proč pracuji tak tvrdě a stále jsem chudý? O těchto a mnoha dalších otázkách lze diskutovat zde.

Práce není vždy harmonická, protože žijeme s různými lidmi. Každý člověk je svět, má své problémy a ovlivňuje všechny kolem. Tam se odehrávají boje a neshody. To způsobuje bolest, frustraci a hněv. Vždy sníte o dokonalém pracovišti, ale pokud jde o zklamání, přináší vám to nepohodlí. Výsledkem bylo, že jsme byli nešťastní. Jeho práce je často jeho jediným bodem finanční podpory. Nemáme možnost rezignovat, i když to často chceme. Zrušili jste a vzbouřili se. Ale v práci zůstává z nutnosti.

Proč nás pronásledují šéfové a spolupracovníci? Existuje mnoho důvodů: Závist, předsudky, autoritářství, beznaděj. Znamená to nás navždy. To vytváří pocit méněcennosti a deziluze. Je hrozné mít mír, když chcete křičet do světa, který má pravdu. Děláte perfektní práci a nejste uznáni. Nedostáváte komplimenty, ale váš šéf vás kritizuje. Kromě toho zasáhnete tisíckrát, ale pokud uděláte chybu jednou, budete označeni za nekompetentní. I když vím, že problém není ve vás, vytváří vaši mysl neustálé trauma. Stanete se pracovním objektem.

Proč tak tvrdě pracuji a jsem chudý? To musí být odraz. Žijeme v kapitalismu, divokém ekonomickém systému, ve kterém jsou chudí vykořisťováni k vytváření bohatství pro bohaté. To se děje ve všech hospodářských odvětvích. Možnost být však zaměstnána. Můžeme podniknout téměř ve všech odvětvích s malými penězi. Můžeme vytvořit naše podnikání a být šéfy sami sebe. To nám přináší neuvěřitelné sebevědomí. Bez plánování však nelze nic udělat. Musíme vyhodnotit pozitivní a negativní stránku, abychom mohli rozhodnout, který je nejlepší způsob. Vždy musíme mít zázemí, ale především musíme být šťastní. Kromě toho musíme být aktivní a stát se protagonisty naší historie. Musíme najít „místo setkání" našich potřeb. Pamatujte, že jste jediný, kdo ví, co je pro vás nejlepší.

Život s tvrdými lidmi v práci

Často najdete v práci svého nejhoršího nepřítele. Ten nudný člověk, který vás pronásleduje a vymýšlí, aby vám ublížil. Jiní vás nemají rádi bez zjevného důvodu. To je tak bolestivé. Žít s nepřáteli je strašná věc. Vyžaduje to hodně kontroly a odvahy. Abychom překonali všechny tyto překážky, musíme posílit psychologickou stránku. Existuje však i další možnost. Můžete přepínat úlohy, požadovat převod nebo vytvořit vlastní firmu. Změna prostředí někdy hodně pomůže situaci, ve které se nacházíte.

Jak řešit trestné činy? Jak reagovat tváří v tvář slovním útokům? Nemyslím si, že je dobré držet hubu. To vyvolává mylný dojem, že jste blázen. Reagovat. Nedovolte, aby vám někdo ublížil. Musíte oddělit věci. Jedna věc je pro vašeho šéfa shromažďovat výsledky z vaší práce a druhá věc zcela odlišná je honit vás. Nenechte nikoho udusit vaši svobodu. Buďte ve svých rozhodnutích autonomní.

Příprava na samostatný pracovní příjem

Abychom mohli odejít z práce a být nezávislí, musíme analyzovat trh. Investujte svůj potenciál do toho, co děláte nejraději. Je skvělé pracovat na tom, co se vám líbí. Musíte spojit štěstí s finančním příjmem. Pracujte a vytvořte si dobrou finanční rezervu. Poté investujte s plánováním. Vypočítejte všechny své kroky a kroky. Výzkum a konzultace s odborníky. Buďte si jisti tím, co chcete. Pokud se chystáte jít, všechno vám bude jednodušší.

Pokud vaše první možnost nefunguje, přehodnoťte svou cestu a vytrvejte ve svých cílech. Věřte ve svůj potenciál a talent. Odvaha, odhodlání, smělost, víra a vytrvalost jsou základními prvky úspěchu. Dej Boha na první místo a všechny ostatní věci budou přidány. Věřte v sebe a buďte šťastní.

Analýza možností specializace ve studiích

Studium je nezbytné pro trh práce a obecně pro život. Znalosti nás agregují a transformují. Čtení knihy, absolvování kurzu, povolání a široký pohled na věci nám pomáhají růst. Znalosti jsou naší silou proti útokům nevědomosti. Vede nás jasnější a přesnější cestou. Specializujte se proto na svou profesi a buďte kompetentním profesionálem. Buďte originální a vytvářejte spotřebitelské trendy. Osvoboďte se od pesimismu, riskujte více a vytrvejte. Vždy věř ve své sny, protože jsou tvým kompasem v údolí temnoty. Můžeme dělat všechno v něm, který nás posiluje.

Prozkoumejte svou odbornou oblast. Vytvořte mechanismy učení. Objevte sami sebe. Je možné, že se stanete tím, o čem jste vždy snili. Stačí jeden akční plán, plánování a síla vůle. Vytvořte svůj úspěch a budete šťastní. Velmi úspěšné pro vás.

Jak žít v rodině

Co je rodina

Rodina jsou lidé, kteří s vámi žijí, ať už jsou příbuzní nebo ne. Je to první rodinné jádro, jehož jste součástí. Obecně se tato skupina skládá z otce, matky a dětí.

Mít rodinu má zásadní význam pro lidský rozvoj. Učíme se a učíme v tomto malém rodinném jádru. Rodina je naše základna. Bez ní nejsme nic. Proto tento pocit sounáležitosti s něčím naplňuje duši lidskou bytostí.

Když však žijeme se žárlivými nebo zlými lidmi, může to bránit našemu osobnímu vývoji? V tomto případě platí následující rčení: „Lepší než špatně doprovázený". Člověk také potřebuje růst, dobývat své prostory a utvářet svou rodinu. To je součást přirozeného zákona života.

Jak respektovat a být respektován

Největším pravidlem života v rodině by měla být úcta. I když mohou žít společně, neopravňuje toho druhého k tomu, aby se vměšoval do jejich života. Znovu tuto pozici potvrďte. Mějte svou práci, svůj pokoj, své lidi odděleně. Každá rodina musí mít respektovanou osobnost, jednání a touhy.

Žít společně nebo odejít z domova a mít více soukromí? Mnoho mladých lidí si tuto otázku pokládá často. Z mé osobní zkušenosti stojí za to opustit dům, pouze pokud máte podporu mimo domov. Věřte mi, osamělost může být nejhorší z vašich nepřátel a hodně s vámi zacházet.

Žil jsem čtyři měsíce s výmluvou, že budu mít blíž k práci. Ale ve skutečnosti jsem se snažil najít lásku. Myslel jsem, že život ve velkém městě mi usnadní hledání. Ale to se nestalo. Lidé se v moderním světě komplikují. Dnes převládá materialismus, sobectví a ničemnost.

Býval jsem v bytě. Měl jsem své soukromí, ale cítil jsem se naprosto nešťastný. Navíc jsem nikdy nebyl mladý večírek nebo pití. Život sám mě tak moc neláká. Nakonec jsem si uvědomil, že moje povinnosti se spíše zvýšily, než zmenšily. Takže jsem se rozhodl jít domů. Nebylo to snadné rozhodnutí. Věděl jsem, že skončily mé naděje, že někoho najdou. Jsem ve skupině LGBT. Je nemyslitelné, že mám doma přítele, protože moje rodina je naprosto tradiční. Nikdy by mě nepřijali takového, jaký jsem.

Přišel jsem domů a přemýšlel o soustředění na práci. Ve věku třiceti šesti jsem si nikdy nenašel partnera. Nashromáždil pět set odmítnutí a toto se každým dnem zvyšovalo. Pak jsem si položil otázku: Proč je potřeba najít štěstí u toho druhého? Proč si nemohu splnit své sny sám? Musel jsem mít jen dobrou finanční podporu a mohl jsem si lépe užívat život. Tato myšlenka na štěstí vedle někoho je v dnešní době téměř zastaralá. Stává se to zřídka. Takže jsem pokračoval ve svém životě se svými projekty. Jsem spisovatel a filmař.

Finanční závislost

V dnešní době je nejdůležitější vědět, jak se vypořádat s finanční otázkou. Navzdory rodinnému životu musí mít každý živobytí. Mnohokrát jsem musel pomáhat své rodině, protože jsem jediný, kdo má stabilní práci. Ale situace se velmi zhoršila, když na mě jen čekali. Proto jsem také odešel z domu. Museli se probudit do reality. Pomoc je dobrá, když máte zbytky. Ale není fér, že pracuji a ostatní si moje peníze užívají víc než já sám.

Tento příklad ukazuje, jak důležité je povědomí. Musíme oddělit věci. Každý se musí snažit pracovat. Každý může přežít. Musíme být protagonisty naší historie a nespoléhat se na ostatní. V dnešním světě jsou nemocné situace. To není láska. Je to jen finanční zájem. Být podveden láskou přinese jen utrpení.

Chápu, že není snadné řešit některé situace. Musíme však být racionální. Syn se oženil. Nechte ho převzít jeho život. Vnoučata se starat? Vůbec ne. To je zodpovědnost rodičů. Vy, kteří jste již ve stáří, byste si měli užívat života tím, že budete cestovat a dělat příjemné činnosti. Splnili jste svoji roli. Navíc se nechcete starat o odpovědnost jiných lidí. To vám může být velmi škodlivé. Udělejte vnitřní odraz a uvidíte, co je pro vás nejlepší.

Důležitost příkladu

Když mluvíme o dětech, mluvíme o budoucnosti země. Je tedy nanejvýš důležité, aby měli dobrou rodinnou základnu. Obecně jsou odrazem prostředí, ve kterém žijí. Pokud máme strukturovanou a šťastnou rodinu, máme tendenci, aby se mladí lidé řídili tímto příkladem. Proto platí přísloví: „Ten, kdo je dobrý syn, je dobrý otec." Nejedná se však o obecné pravidlo.

Často máme mladé rebely. I když mají skvělé rodiče, přiklánějí se ke zlu. V takovém případě se necítí provinile. Udělal jsi svou roli. Každý člověk má svoji svobodnou vůli. Pokud si dítě zvolilo zlo, ponese následky. To je ve společnosti přirozené. Existuje dobro a zlo. Toto je osobní rozhodnutí.

Vybral jsem si dobrý a dnes jsem šťastný, čestný a zdravý člověk. Jsem příkladem vytrvalosti a naděje ve svých snech. Dále věřím v hodnoty poctivosti a práce. Naučte to své děti. Uklidněte dobré a sklízejte dobré. Jsme ovocem našeho úsilí, nic víc. Každý má to, co si zaslouží.

Konec

www.ingramcontent.com/pod-product-compliance
Lightning Source LLC
LaVergne TN
LVHW010617070526
838199LV00063BA/5170